PRAXISHILFEN FÜR DEN KINDERGARTEN

Renate Lüber
unter Mitarbeit
von Hildegard Enderle
und Barbara Schmid

Stichwort »Planung« 2

Herder Freiburg · Basel · Wien

Anmerkungen
Eigene Ideen
Notizen

Was ist das für ein Wetter heut

Gespräche

Naturerscheinungen

- Über den Kreislauf des Wassers: Durch Sonnenwärme verdunstet Wasser (Meer) und steigt als Wasserdampf auf – Wolken.
  Der Wind treibt die Wolken dem Land zu. Als Regen oder Schnee fällt das Wasser auf die Erde.
  Das Regenwasser versickert im Boden und sammelt sich als Grundwasser in Quellen, Bächen, Flüssen und Seen.

Die hier aufgeführten Gesprächspunkte dienen als Information und Anregung für den Erzieher.

- Niederschläge: Tau, Nebel, Nieselregen, Regen, Wolkenbruch, Schnee, Graupel, Hagel.
- Wasser: Lebensnotwendig für Menschen, Tiere und Pflanzen.
  Ohne Wasser kein Leben – Wüste – erst nach einem Regen fängt auch die Wüste an zu blühen – leben.
  Wasser – Energieerzeugung durch Wasserkraftwerke.
- Wind: Brise, Sturm, Orkan
  Wind (bewegte Luft) – reinigt die Luft, bewegt das Meer – Wellen – Sauerstoffanreicherung im Wasser – Selbstreinigung des Wassers (lebensnotwendig für Wassertiere und Wasserpflanzen.)
  Wind – Befruchtung vieler Pflanzenarten durch Pollenflug – Verbreitung durch Samenflug.
  Wind – Energieerzeugung durch Windmühlen – Windräder.
- Sonne: Ohne Licht und Wärme – kein Leben
  Sonnenlicht ist lebensnotwendig für Menschen, Tiere und Pflanzen.
  Pflanzen können ohne Licht nicht wachsen – Menschen werden krank (Rachitis) – Sonnenwärme heilt Krankheiten (Rheuma) ...
  Zuviel Sonne kann auch schaden – Sonnenbrand ...
  Sonne – Energieerzeugung durch Solarzellen.
- Naturgewalten: Gewitter – Sturmflut – Überschwemmung – Schneesturm ...

Umweltverschmutzung

- Luftverschmutzung – saurer Regen – Waldsterben – Wasserknappheit ...
- Wasserverschmutzung – Überdüngung – Schädlingsbekämpfungsmittel und deren Rückstände in Lebensmitteln ...
- Umweltverschmutzung – auch im Kleinen – durch falschen Einsatz von Spül-, Wasch- und Putzmitteln – durch unnötigen Müll (z. B. Verpackungen ...) und falsche Müllbeseitigung – durch sinnloses Heizen – durch Trinkwasserverschwendung ...

Um den Kindern die positive Einstellung zur Umwelt und zum Leben zu erhalten, sollte man mit Fingerspitzengefühl auf dieses Thema eingehen.

Wettererlebnisse

- Kinder von Wettererlebnissen erzählen lassen: Z. B. Gewitter – Sturm – Wolken – Dunkelwerden – Blitz – Donner – Platzregen – Hagel – Empfindungen – Ängste ...
- Sommertag – Licht – Wärme – Hitze – heiße Straße, auf der man barfuß nicht mehr laufen kann – Durst – Schwimmbad – Sonnenbrand ...

Kleidung

- Welche Kleidung bei welchem Wetter?

Anmerkungen
Eigene Ideen
Notizen

Wetterbeobachtungen – Wettermessungen

Wetterbeobachtungen – Wetterkalender

- Wir beobachten das Wetter (über einen festgelegten Zeitraum) und tragen die Ergebnisse täglich in einen Wetterkalender ein.

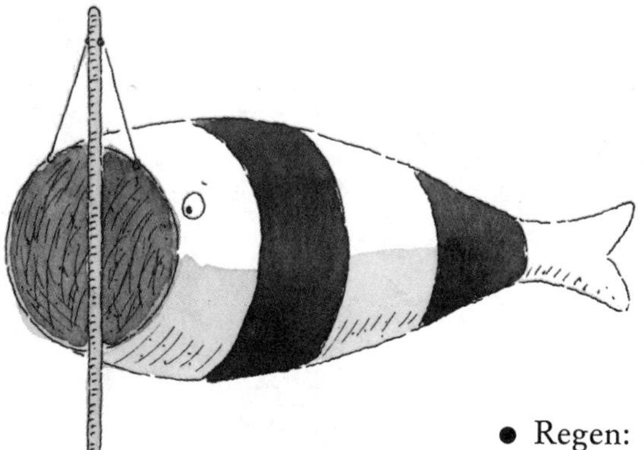

Wettermessungen

- Wind: Wir hängen in unserem Garten einen Windsack auf und können an ihm täglich die Windrichtung und Intensität erkennen.

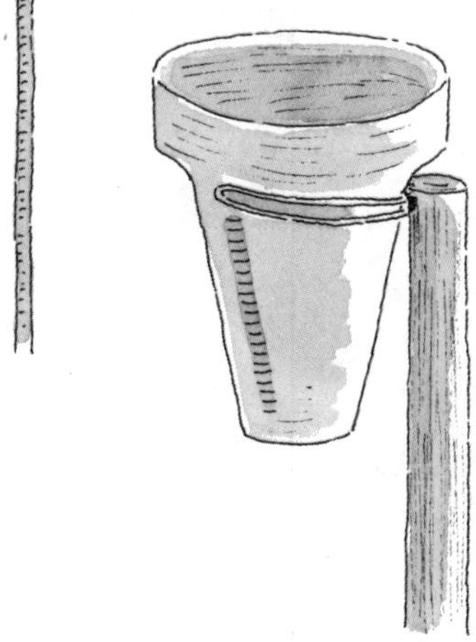

- Regen: An einer Holzstange im Garten hängen wir einen Niederschlagsmesser (Gefäß mit Skala) auf, mit dem wir bei Niederschlag die geregnete Wassermenge messen können.
- Temperatur: Wir hängen draußen am Kindergarten ein großes Thermometer auf, an dem wir die Außentemperatur ablesen können (eventuell sogar zwei – in der Sonne – im Schatten).

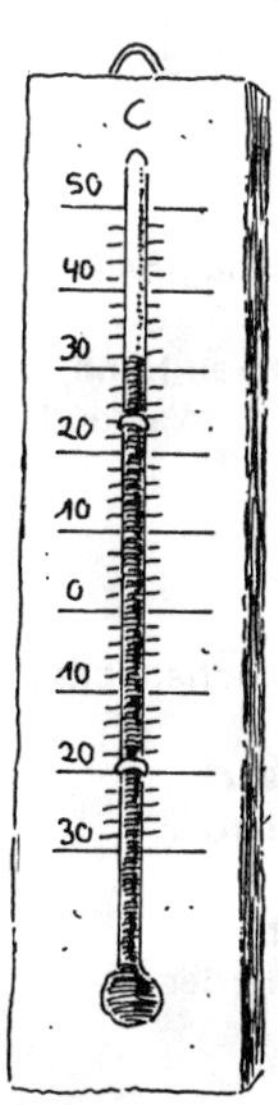

Klima im Gruppenraum

- Im Gruppenraum hängen wir ein Thermometer auf, um die Temperatur im Zimmer zu messen.
- Ebenfalls ein Hygrometer, das die Luftfeuchtigkeit mißt.
- Ferner ein Barometer, das den Luftdruck anzeigt und uns Regen oder Sonnenschein ankündigt.

Wichtig im Winter: Die Temperatur im Gruppenraum sollte um 20 ° liegen – Räume immer wieder gut durchlüften – die Luftfeuchtigkeit sollte um 60% betragen – zu trokkene Luft begünstigt Erkrankungen der Atemwege.

Anmerkungen
Eigene Ideen
Notizen

Experimente

„Blitz"

- Wir befestigen an einem Backblech ein Stück Modelliermasse als Griff. Nun das Blech kräftig über eine darunterliegende Plastiktüte reiben. – Raum verdunkeln – Backblech hochheben und mit einem Gegenstand (Blechdeckel) in Berührung bringen. Vom Blech springt ein Funke auf den Blechdeckel über. (Das Aneinanderreiben von Blech und Plastik erzeugt statische Elektrizität.)

„Wolken"

- Bei kaltem Wetter im Freien ausatmen. Die warme, feuchte Luft kühlt, wenn sie auf die kalte Außenluft stößt, ab – Wolke.
- Ebenfalls können wir Wasser in einem Topf zum Kochen bringen und zusehen, wie das Wasser verdampft – verdunstet.

Warme Luft steigt empor

- Aus einem Papiertaschentuch schneiden wir einige Streifen heraus und halten bzw. befestigen sie über einem Heizkörper. Die Streifen bewegen sich – sie flattern nach oben.

Aus:
J. Hann, „Das große Buch der Experimente",
Verlag Herder

Bilderbücher

„Die Regentropfen Pling Plang Plung"
von Angela Hopf. Verlag Ellermann

„Der lustige Weg der Wassertropfen"
von Arnim Schmülling / Wolfgang Getfert / Heinz M. Neff. Vereinigung Deutscher Gewässerschutz e.V., Matthias-Grünewald-Str. 1–3, 5300 Bonn 2

„Warum ist das Wetter so?"
von Wolfgang de Haen / Ute Andresen. Ravensburger

„Hurra, es regnet"
von Peter Spier. Brunnen Verlag Basel

„Gewittergeschichten für einen Hund"
von Gina Ruck-Pauquèt / Waltraud und Friedel Schmidt.
Ravensburger

„Das Tal im Nebel"
von Arcadio Lobato. Verlag bohem press

„Das Bilderbuch vom Wasser"
von Michael Koch. Verlag Herder

„Das Bilderbuch vom Licht"
von Michael Koch. Verlag Herder

„Eine Wasserreise"
von Eleonore Schmid. Nord-Süd-Verlag

„Die Wolkenreise"
von Sid Koch / Sigrid Heuck. Thienemanns Verlag

„Wenn es regnet lacht mein Schirm"
von Veronika Zacharias. Ravensburger

„Von der Fee, die Feuer speien konnte"
von Annegert Fuchshuber / Franz Fühmann. Ravensburger

Sachbuch

„Der Wind, das himmlische Kind"
von Wolfgang Löscher. Don Bosco Verlag

Bücher für Erzieher

„Umwelterziehung im Kindergarten"
Bonz Verlag

„Deine Welt ist meine Welt"
Spielgeschichten und Lieder zur Umwelt- und Friedenserziehung in unserer Mitwelt
von Rolf Krenzer. Verlag Herder

Weitere Informationen
vom Umwelt-Bundesamt (UBA)
Bismarckplatz 1
1000 Berlin 33

oder vom Bund für Umwelt und Naturschutz auf Landesebene – Bundesgeschäftsstelle:
Im Rheingarten 7
5300 Bonn 3

Anmerkungen
Eigene Ideen
Notizen

Geschichte

Martina und die Regentropfen

Martina steht am Fenster.
Es regnet.
Regentropfen rinnen an den Fensterscheiben herab. Die Tropfen sehen aus wie Glasperlen.
„Mama, wo kommt der Regen her?“ fragt Martina.
„Der Regen kommt aus den Wolken“, antwortet die Mutter.
„Und wo kommen die Wolken her?“ fragt Martina.
„Wenn es regnet“, sagt die Mutter, „wird die Erde naß. Gras und Blumen und Bäume und Büsche trinken den Regen. Dann kommt die Sonne. Sie will auch trinken. Gras und Blumen, Bäume und Büsche geben der Sonne Wasser zu trinken.“
„Und was geschieht dann?“ fragt Martina.
Draußen vor dem Fenster hört der Regen auf, die Sonne scheint durch ein Wolkenloch. „Schau in den Garten hinaus, Martina“, sagt die Mutter. „Was siehst du da?“
Martina schaut in den Garten. Martina schaut ganz genau. Sie sieht einen feinen Dunst über der Wiese. „Das ist Wasser, das die Sonne trinkt“, sagt die Mutter. „Es steigt hoch hinauf in den Himmel, und oben wird es zu einer Wolke. Wenn die Wolke dick und schwer ist, läßt sie lauter Tropfen fallen.“
„Und dann regnet es“, sagt Martina.
„Ja, Martina, dann regnet es“, antwortet die Mutter.
Die Wolken wandern fort. Martina läuft in den Garten. Sie schüttelt die nassen Bäume. Tropfen fallen auf ihr Haar, auf ihr Gesicht, auf ihre Hände.
Die Sonne trocknet Martina. „Sonne“, sagt Martina, „jetzt habe ich dir zu trinken gegeben. Mach eine Wolke aus meinen Tropfen, bitte!“

Käthe Recheis

Aus:
„Das Kindernest“,
Verlag Herder

Weitere Geschichte

Aus: **„Was Kinder bewegt“**
von Christine Merz. Verlag Herder

Buch – „Sommer“

„Sommerregen“ – wenn es blitzt und donnert.

Reime

In den Regenrinnen
wohnen Regenspinnen,
tanzen auf den Tropfen
und tun Socken stopfen,
denn in Regensocken
bleiben Spinnen trocken.
Georg Bydlinski

Liebe Sonne scheine wieder
scheint die düstren Wolken nieder!
Komm mit deinem goldnen Strahl
wieder über Berg und Tal!
Trockne ab auf allen Wegen
überall den alten Regen!
Liebe Sonne laß dich sehn,
daß wir können spielen gehn!
Hoffmann von Fallersleben

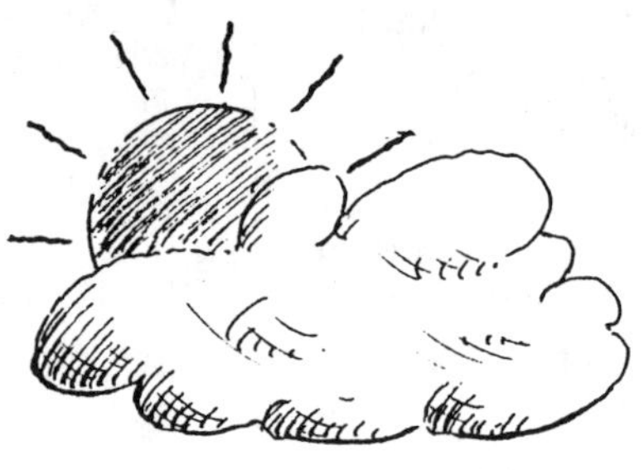

Ich bin der Wind und komm geschwind;
ich wehe durch den Wald,
daß es weit widerhallt.
Bald säusle ich gelind
und bin ein sanftes Kind;
bald braus' ich wie ein Mann,
den niemand fesseln kann.
Schließt Tür und Fenster zu,
sonst habt ihr keine Ruh!
Ich bin der Wind und komm geschwind.
Franz von Pocci

Weißt du was,
wenn's regnet wird's naß,
wenn's schneit wird's weiß,
du bist ein rechter Naseweiß.

*

Im Osten geht die Sonne auf,
im Süden ist ihr Mittagslauf,
im Westen will sie untergehn,
im Norden ist sie nie zu sehn.

*

Sonnenschein, Regen und Wind
kennt jedes Kind.
Der Sonnenschein bringt uns Wärme,
der Regen macht uns naß,
der Wind zaust uns die Haare,
das alles macht uns Spaß.

Ich bin die Mutter Sonne
und trage die Erde bei Nacht,
die Erde bei Tag.
Ich halte sie fest und strahle sie an,
daß alles auf ihr wachsen kann.
Stein und Blume, Mensch und Tier,
alles empfängt sein Licht von mir.

Anmerkungen
Eigene Ideen
Notizen

Ihr Leute, ach, ihr Leute!
was für ein Wetter heute!
Wohin du schaust ist Wasser
und nasser, immer nasser
wird's auf der Straße, auf dem Feld,
es gießt nur so vom Himmelszelt.
Was für ein Wetter heute!
Ihr Leute, ach, ihr Leute!

*

Es regnet, es regnet,
die Erde wird naß;
bunt werden die Blumen
und grün wird das Gras.

Es regnet, es regnet,
die Erde wird naß;
wir sitzen im Trocknen,
was schadet uns das.

Es regnet, es regnet,
es regnet seinen Lauf;
und wenn's genug geregnet hat,
dann hört's auch wieder auf.

*

Regen, Regen – Tröpfchen
es regnet auf mein Köpfchen,
es regnet in das grüne Gras;
da werden meine Füße naß.

Regen, Regen mach dich fort,
geh an einen andern Ort,
Jonny will gern spielen.

Regen

Ich bin schon manchmal aufgewacht,
wenn's regnet mitten in der Nacht,
dann lieg' ich da und höre:
Der Regen trommelt auf das Dach
und rauscht und plätschert wie ein Bach
durch unsere Regenröhre.
Und heult der Wind um unser Haus –
das macht mir überhaupt nichts aus,
das Kissen hält mich warm.
Die Welt ist draußen schwarz und kalt,
ich lieg' in meinem Bett und halt'
den Teddybär im Arm.

*

Bei Regenwetter und bei Sturm,
da wollt ein kleiner Regenwurm
die Straße überqueren –
er ließ sich nicht belehren.
Die Mutter sagte: Bleibe hier!
Jedoch das dumme, kleine Tier
gab nichts auf ihre Stimme,
und das war ja das Schlimme.
Die Straße ist kein Tummelplatz,
zur Not, vielleicht für einen Spatz,
doch dieser, der kann fliegen
und ist nicht leicht zu kriegen.
Ein kleiner Wurm ist schlechter dran,
weil doch ein Wurm nicht fliegen kann!
War noch so jung an Jahren –
er wurde überfahren.

Der Regenbogen

Ein Regenbogen,
komm und schau!
Rot und orange,
gelb, grün und blau!

So herrliche Farben
kann keiner bezahlen,
sie über den halben
Himmel zu malen.

Ihn malte die Sonne
mit goldener Hand
auf eine wandernde
Regenwand.

Josef Guggenmos

Aus:
J. Guggenmos,
„Was denkt die
Maus am Donnerstag",
Georg Bitter Verlag,
Recklinghausen

Trostreim

Heile, heile Segen,
drei Tage Regen,
drei Tage Schnee,
dann tut es nicht mehr weh.

Heile, heile Segen,
drei Tage Regen,
drei Tage Sonnenschein,
mein Kind soll wieder lustig sein.

Abzählreime

Pitsch und Patsch,
zwei Wassertröpfchen,
fallen auf die Blumenköpfchen,
springen in den Bach hinein,
und du mußt sein.

*

1, 2, 3, 4,
Regentröpfchen fallen hier.
5, 6, 7, 8,
jetzt wird ein Spiel gemacht.
9 und 10
– du darfst gehn.
Renate Lüber

1, 2, 3,
Wind geh vorbei.
4, 5, 6,
und zwar jetzt.
7, 8, 9
– du mußt es sein.
Renate Lüber

Schnellsprechvers

Die Sonne scheint schön,
wenn die Sonne schön scheint.

Rätsel

Wer geht übers Wasser
und wird nicht naß?
(Sonne)

Es stürmt über das Wasser,
wird aber dabei nicht naß.
(Wind)

Welches Wasser fällt vom Himmel?
(Regen)

Ein Vorhang aus Luft und Duft gewoben,
und wie der Wind geschwind zerstoben.
Was ist es? Ihr wißt es!
(Nebel)

Vom Himmel fällt's,
tut sich nicht weh,
ist weiß und kalt,
das ist der ...
(Schnee)

Du siehst es stets beim Sonnenschein,
am Mittag ist es kurz und klein
und wächst beim Sonnenuntergang
und wird gar wie ein Baum so lang.
(Schatten)

Wenn sie dir fehlt, kannst du nicht leben,
denn nichts lebt ohne sie.
Rund um die Erde geht ihr Reich,
du siehst sie aber nie.
(Luft)

Es geht durch die Fensterscheiben
und zerbricht sie nicht.
(Sonnenschein)

Wer geht ohne Schlüssel
zu allen Türen herein?
(Wind)

Es kommt vom Himmel,
für die Erde ein Segen.
Es tropft an die Scheiben,
wer ist es – der ...
(Regen)

Anmerkungen
Eigene Ideen
Notizen

Es ist etwas und ist doch nicht's.
Du siehst's und kannst's nicht greifen.
Mal ist es groß, dann wieder klein,
begleitet dich beim Sonnenschein.
(Schatten)

Fingerspiele

Die beiden Däumchen dick und klein,
die steigen in ein Schifflein ein.
Das Schifflein fährt hinaus aufs Meer
das freut die beiden Däumchen sehr.
Da kommt der wilde Wind daher (blasen)
und bläst und bläst aufs weite Meer.
Den Däumchen wird ganz bang zumut:
„Ach lieber Wind sei doch so gut
und stell das dumme Blasen ein,
wir fürchten uns so ganz allein."
Da bläst der gute Wind nicht mehr
und schickt den Sonnenschein aufs Meer.
Die Däumchen fahren heim geschwind
und sagen: „Schönen Dank, Herr Wind!"

Mein Häuschen ist nicht gerade,
ist das aber schade.
Mein Häuschen ist ein bißchen krumm,
ist das aber dumm.
Bläst ein kleiner Wind hinein, (blasen)
fällt das ganze Häuschen ein.

*

Der ist ins Wasser gefallen,
der hat ihn herausgeholt,
der hat ihn ins Bett gelegt,
der hat ihn zugedeckt,
und der kleine Schelm da
hat ihn wieder aufgeweckt.

*

Es tröpfelt, es tröpfelt — mit zwei Fingerspitzen auf Tischplatte klopfen
es regnet, es regnet — mit allen Fingerspitzen klopfen
es gießt, es gießt — lauter und schneller klopfen
es hagelt, es hagelt — mit den Handflächen patschen
es blitzt – — mit der Hand Blitz in die Luft zeichnen
es donnert — mit den Fäusten trommeln
alle Leute laufen schnell nach Haus. — mit den Fingern über Tischplatte laufen und hinter sich verstecken.

*

Der sagt: „Wenn's regnet, werde ich naß."
Der sagt: „Wenn's regnet, macht es mir keinen Spaß."
Der sagt: „Wenn's regnet, bleibe ich zu Haus."
Der sagt: „Wenn's regnet, gehe ich nicht hinaus."
Der sagt: „Wenn's regnet, ist es schön,
dann kann ich mit meinem Regenschirm
in den Kindergarten gehn."

Regen tripp und Regen trapp
schüttle ich von den Händen ab.
Erst die rechte, dann die linke,
machen beide winke, winke.
Auf und nieder rüttle ich –
alle Hände schütteln sich.

Fußspiel

Pitsch, pitsch, patsch
durch den Regen, durch den Matsch
und wer hier nicht weiter kann,
der zieht sich Gummistiefel an.
Pitsch, pitsch, patsch
durch den Regen, durch den Matsch!

Wettergeräusche mit Körperinstrumenten darstellen:

Z. B. mit Fingerklopfen den Regen – mit einem Faustschlag oder einem Fußstampfer den Donner – mit dem Mund zischend, säuselnd usw. den Wind …

Anmerkungen
Eigene Ideen
Notizen

Lieder

Vom Himmel fällt der Regen

Text: James Krüss
Melodie und Satz: Heinz Lemmermann

Aus:
„Die Zugabe",
Bd. 1, Nr. 10
Fidula-Verlag,
Boppard/Rhein

2. Das Wasser steigt zum Himmel und wallt dort hin und her.
Da gibt es ein Gewimmel von Wolken grau und schwer.
Die Wolken werden nasser und brechen auseinand',
und wieder fällt das Wasser als Regen auf das Land.

3. Der Regen fällt ins Freie, und wieder saugt das Licht,
die Wolke wächst aufs neue, bis daß sie wieder bricht.
So geht des Wassers Weise: Es fällt, es steigt, es sinkt
in ewig-gleichem Kreise, und alles, alles trinkt.

Bleib ein Weilchen unterstehn

Worte und Weise: Wilhelm Bender

Aus:
W. Bender,
„Unsre Katz heißt Mohrle",
mit freundlicher
Genehmigung des
Verlags
B. Schott's Söhne,
Mainz

2. Bleib ein Weilchen unterstehn!
Der Regen wird vorübergehn.
Sonne kommt gezogen,
malt den Regenbogen.
Bleib ein Weilchen unterstehn!
Der Regen wird vorübergehn.

Anmerkungen
Eigene Ideen
Notizen

Es regnet

volkstümlich

Text: Fahnemann / Melodie: Christa Linke

Aus:
Grete Hahn,
„Lied und Spiel",
Hermann Schroedel-Verlag, Hannover

Text: Franz J. Koch / Melodie: Richard Rudolf Klein

Aus:
„Willkommen, lieber Tag", Bd. 1,
Verlag
Moritz Diesterweg,
Frankfurt/M.

2. Hört ihr es noch nicht klopfen? Tup, tup, tup.
   Es fallen dicke Tropfen. Tup, tup, tup.
3. Es trommelt auf dem Regendach. Trum, trum, trum.
   Und macht der Maus die Kinder wach. Trum, trum, trum.
4. Der Wind, der ist ein Wundermann. Hui, hui, hi.
   Der sagt vorher das Wetter an. Hui, hui, hi.

Anmerkungen
Eigene Ideen
Notizen

Text und Melodie: Hans Poser

Aus:
Fidula-Cassette 8,
Fidula-Verlag,
Boppard/Rhein

2. Autos rasen durch die Straßen,
dicke Pfützen hoch aufspritzen.
Regenschirm, ein guter Schutz,
ist für unten gar nichts nutz.

3. Lustig klopfen Regentropfen
auf die Steine, an die Beine.
Kocht euch heißen Fliedertee,
der vertreibt das Magenweh.

4. Regengüsse, kalte Füße,
Schnupfen, Prusten, Dauerhusten:
Pfefferminze und Menthol
machen wieder pudelwohl.

Text und Melodie: Rudolf Nykrin

Mit freundlicher
Genehmigung des
Verlags
B. Schott's Söhne,
Mainz

2. Wind, komm herbei!

3. Wolken, kommt herbei!

Die Indianer waren
als Naturvolk mit
dem Wetter sehr
eng verbunden.
Ohne Regen – keine
Ernte; ohne Ernte –
Hunger.

Anmerkungen
Eigene Ideen
Notizen

Text: Rolf Krenzer / Melodie: Hans-Werner Clasen

Aus: „Regenbogen bunt und schön", Verlag Ernst Kaufmann, Lahr / Kösel-Verlag, München

2. Ein bunter Regenbogen
ist übers Land gezogen.
Und alle bleiben stehn,
um ihn sich anzusehn.

3. Ein bunter Regenbogen
ist übers Land gezogen,
damit ihr's alle wißt,
daß Gott uns nicht vergißt.

Bauernregeln (Šel kocurek)

Text: Klaus W. Hoffmann / Musik: trad./Hoffmann

lustig

Aus: Klaus W. Hoffmann / Rudi Mika, „Wie kommt die Maus in die Posaune?" Aktive Musik Verlagsges., Dortmund

2. Wenn's im Sommer blitzt, dann soll
dich das gar nicht stören.
Warte nur und du wirst bald
auch den Donner hören.

3. Löst der Herbst den Sommer ab,
ändert sich das Wetter,
bringt er Sturm und Regen mit,
fall'n vom Baum die Blätter.

4. Hat der Bauer wintertags
Löcher in den Sohlen,
wird er sich in Eis und Schnee
kalte Füße holen.

Sieben Regentropfen

Text: Mika/Hoffmann / Musik: Mika

bedächtig

2. Ein Tropfen sagt: „In Afrika,
das liegt ganz weit von hier,
fiel ich mal auf die Nase
von einem dicken Tier.
Das hatte große Ohren
'nen Rüssel im Gesicht.
So ein Tier heißt Elefant
das wußt' ich damals nicht.

Refrain

3. Ein andrer meint: „Ich sage dir,
es ist nicht übertrieben,
daß Blumen, Bäume und die Felder
Regen ganz toll lieben.
Pflanzen sterben ohne Wasser,
immer Sonne macht nicht froh.
Jedes Tier und jeder Mensch
braucht den Regen ebenso."

Refrain

Anmerkungen
Eigene Ideen
Notizen

Aus:
Klaus W. Hoffmann /
Rudi Mika,
„Wie kommt die Maus in die Posaune?"
Aktive Musik Verlagsges., Dortmund

Im Original ist die Melodie von diesem Lied eine Quarte tiefer notiert. Um sie auch für Blockflöte (Sopran) spielbar zu machen, wurde sie nach C-Dur transponiert.

4. Ein kleiner Tropfen, der ist still,
weiß nichts zu berichten.
Heute war sein erster Flug,
weiß noch keine Geschichten.
„Macht doch nichts", sagt Suse.
„Kannst ja nichts dafür.
Komm doch einfach irgendwann
ein zweites Mal zu mir."

Refrain

5. Suse ist jetzt nicht mehr traurig,
Regentropfen sind gegangen.
Sonne bricht sich ihren Weg,
wo noch gerade Wolken standen.
Mutter ruft: „Du kannst nach draußen!"
Suse träumt noch von den Tropfen.
Immer, wenn es wieder regnet,
hört sie auf das leise Klopfen.

Refrain

Regenlied aus Frankreich

Il pleut, il pleut, il pleut sur les toits,
il pleut sur papa et maman et sur toi et moi.

Es regnet, es regnet, es regnet auf die Dächer,
es regnet auf Papa und Mama und auf dich und auf mich.

Anmerkungen
Eigene Ideen
Notizen

Singspiel

Windrädchen

Text, Melodie und Tanzform: Anneliese Gaß-Tutt

2. Wind, Wind, Sausewind! Wind, Wind, Sausewind!
Sause in die Blätter, hei was ist das ein Wetter!
Wind, Wind, Sausewind! Und mein Rädchen läuft geschwind.

3. Wind, Wind, Wirbelwind! Wind, Wind, Wirbelwind!
Wirble in die Blätter, hei was ist das ein Wetter!
Wind, Wind, Wirbelwind! Und mein Rädchen läuft geschwind.

Aus:
„Tanzkarussell“,
Bd. 1,
Fidula-Verlag,
Boppard/Rhein

Aufstellung:
Einzeln, frei im Raum.

Schrittarten:
Gehschritt, Laufschritt.

Hilfsmittel:
Jedes Kind hat ein Windrädchen in der Hand.

Tanzform:
Jede Strophe hat ihre eigene Bewegung.

Strophe 1:
Die Kinder gehen durcheinander
und halten dabei ihr Windrädchen in der Hand.

Strophe 2:
Die Kinder laufen durcheinander
mit ihren Windrädchen in der Hand.

Strophe 3:
Die Kinder drehen sich mit kleinen Schritten
schnell um sich selbst
und treiben ihr Windrädchen dadurch an.

Hinweise:
Die Kinder sollten als Vorübung
schon frei im Raum gegangen sein.
Es muß darauf geachtet werden
(vor allem in Strophe 3),
daß die Abstände der Kinder voneinander
weit genug sind.

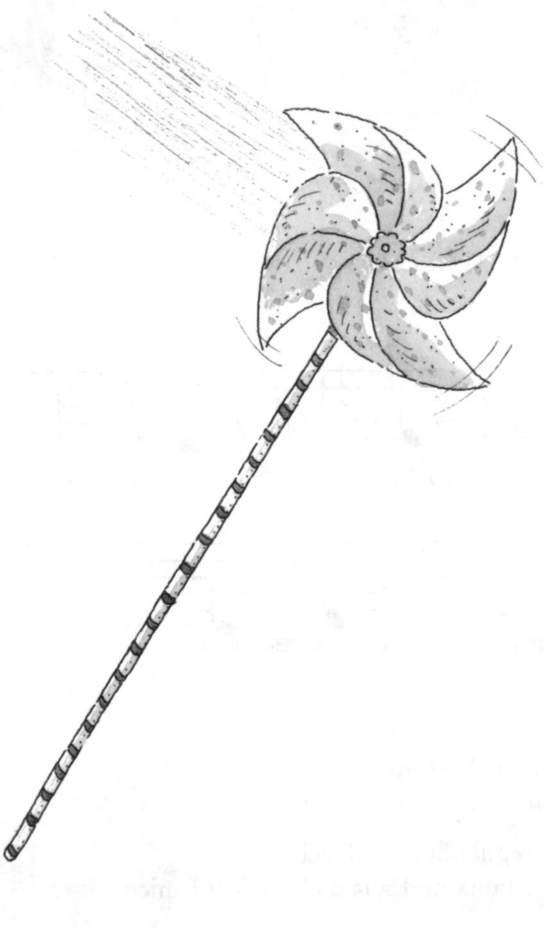

Anmerkungen
Eigene Ideen
Notizen

Kreisspiel

Ging einmal im Regen

Text, Melodie und Spielanweisung: Thilde Lorenz

Aus:
„Der Zippelzappelmann“,
Fidula-Verlag,
Boppard/Rhein

Manuelles Gestalten

Basteln

Wir basteln ein Windrad
Material:
festes, dünnes Papier (Karton)
lange Stecknadel
zwei Perlen
Korken oder Holz
Stock

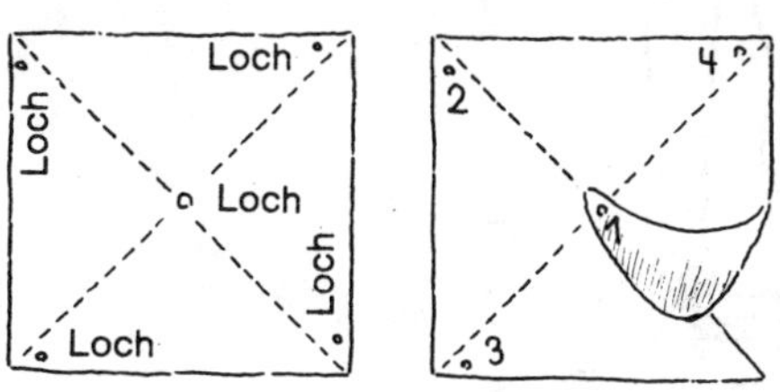

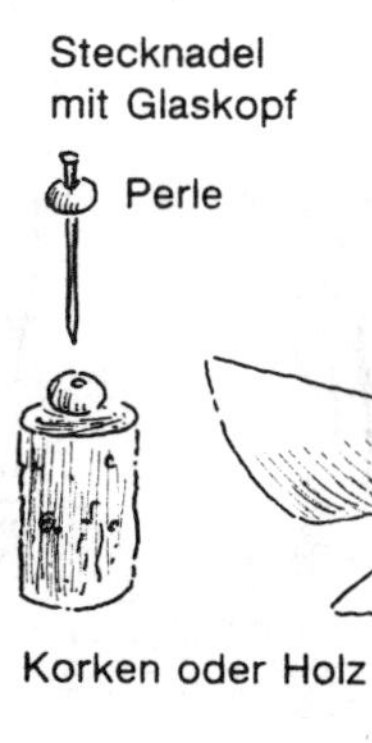

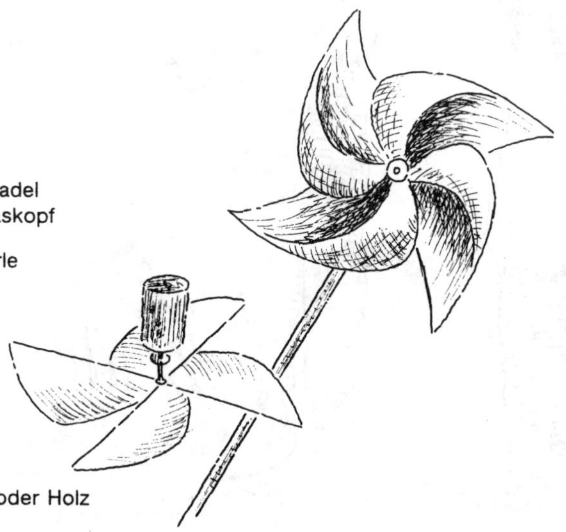

Handdruck

Wir bestreichen unsere Handfläche mit Fingerfarbe und drücken sie mit gespreizten Fingern auf ein Blatt Papier. Dies wird so oft wiederholt, bis der Strahlenkranz geschlossen ist.

Malen

Wir malen Sonne, Regen – einen Regenbogen mit Fingerfarben auf unser Gruppenfenster.
Wir malen Sonne, Regen – einen Regenbogen mit Wachs oder Wasserfarben auf Papier.

Collage

Aus Zeitschriften schneiden wir „Wetterbilder“ aus und kleben sie zu einer Collage zusammen.

Schneiden

Aus Metallfolie schneiden wir kleine Wolken aus und hängen sie über die Heizung.

Anmerkungen
Eigene Ideen
Notizen

Sinnesübungen

Sinnesübungen
mit Wasser und Stoff –
mit offenen
und verbundenen Augen.

naß – feucht – trocken
heiß – warm – kalt

Spielturnen

Reim für Rhythmik

Viele Bäume stehn im Kreise,
der Wind bewegt die Blätter leise.
Da kommt der Sturmwind angezogen,
der hat die Bäume all gebogen.

Der Sturmwind knickt auch Bäume um,
da tanzen die Blätter im Kreis herum.
Doch zieht der Sturmwind wieder fort,
stehn alle Bäume an ihrem Ort.

Wir spielen Nebelwald:

Die Kinder stehen verteilt im Raum als Bäume da. Ein Kind läuft mit verschlossenen Augen durch den Nebelwald. Damit es nicht an den Bäumen anstößt, geben die Bäume akustische Signale von sich, z. B. ruft ein Baum, wenn das Kind in seine Nähe kommt: Nebel – Nebel ...

Singspiel: „Wind, Wind, Pustewind", siehe Seite 16

Kreisspiel: „Ging einmal im Regen", siehe Seite 17

Spiel mit einem Luftballon

Jedes Kind erhält einen Luftballon – wir blasen ihn auf und lassen ihn los – der Ballon schwirrt – die Luft entweichend – durch den Raum – dieses Spiel kann beliebig oft wiederholt werden.
Wir blasen den Ballon wieder auf und knoten ihn zu – wir lassen den Luftballon schweben – schubsen ihn immer wieder hoch, damit er nicht den Boden berührt – wir balancieren ihn auf der Hand – auf einem Finger ...

Ebenso Spiel mit Wattebällchen, Papier, Tücher ...

Anmerkungen
Eigene Ideen
Notizen

Religiöse Erziehung

Bewußtsein und Verantwortung für unsere Umwelt wecken – ihnen die Notwendigkeit für die Erhaltung unserer Natur veranschaulichen.

Lied

Deine Welt ist meine Welt

Text: Rolf Krenzer / Melodie: Detlev Jöcker

Aus:
Rolf Krenzer,
„Deine Welt ist meine Welt",
Verlag Herder

1. Deine Welt	Arme und Hände ausgebreitet nach vorn.
ist meine Welt.	Beide Hände wie ein Nest vor unserer Brust.
Ich brauche sie zum Leben.	Die Hände nach rechts und links ausbreiten.
Meine Welt	Hände wieder wie ein Nest vor der Brust.
ist deine Welt,	Arme und Hände ausgebreitet nach vorn.
die du mir gegeben,	Wir reichen unseren Nachbarn links und rechts die Hände und schreiten zu den folgenden Zeilen angefaßt im Kreis (Reigen).
daß ich alle Tage sie bewahre, daß ich alle Tage Sorge trage, daß sie das behält,	
was dir und mir gefällt!	Wir bleiben stehen und halten angefaßt unsere Hände hoch. Das wiederholt sich dann bei den folgenden Strophen.
Deine Welt!	

Anmerkungen
Eigene Ideen
Notizen

Wintervorbereitungen von Mensch und Tier

Gespräche

- Wir reden über die Veränderungen in der Natur. – Die Tage werden kürzer, die Nächte länger – es wird kälter – Herbstwind, Herbststürme – Regen – Hagel – Schnee – Reif – Glatteis – Nebel.
  Die Bäume verlieren ihre Blätter, damit sie im Winter nicht unter der Schneelast zusammenbrechen. Der Saft zieht sich in die Äste und den Stamm zurück, denn so erfrieren die Bäume nicht.

Information und Anregung für den Erzieher.

- Wie sich die Tiere auf den Winter vorbereiten. – Einigen wächst ein dichteres Fell – Katzen, Fuchs, Eichhörnchen, Hase, Reh, Hirsch ... das sich auch der veränderten Umgebung anpaßt – Wiesel, Iltis ...
  – Manche legen sich Wintervorräte an – Eichhörnchen, Hamster, Mäuse, Eichelhäher ...
  – Sie futtern sich ein Fettpolster an und verschlafen den Winter – Bär, Igel, Murmeltier, Siebenschläfer, Fledermäuse ...
  – Einige fallen in eine Winterstarre – Frösche, Lurche, Eidechsen, Schlangen ...
  – Oder verbringen den Winter unterm Eis und im Schlamm – Fische ...
  – Andere überwintern unter Baumrinden und Blättern – Marienkäfer, Schmetterlinge ...
  Es gibt auch Schmetterlinge, die in wärmere Länder fliegen, dort ihre Eier ablegen, und ihre Kinder kommen im neuen Jahr zu uns zurück.
  – Zugvögel verbringen den Winter im wärmeren Süden – Störche, Schwalben, Stare ...
- Wir ziehen uns wärmere Kleidung an – Mantel, Schal, Handschuhe, Mütze, Stiefel ...
- Gemüse wird für den Winter eingefroren, Obst eingekocht, Kartoffeln im Keller gelagert ...
- Öl- und Gastanks werden aufgefüllt, Holzvorräte werden angelegt ...
- Früher, als man noch nicht alles im Laden (auch aus anderen Ländern) kaufen konnte, gab es oft nach einer schlechten Ernte im Winter Hungersnöte. Erst als die Kartoffel aus Amerika zu uns kam, wurden diese gelindert.
- Gesprächsschwerpunkt eventuell „Vögel im Winter", daß sie bei Frost und Schnee unserer Hilfe bedürfen – richtiges Futter – siehe Reim „Hochbetrieb im Futterhaus".

Ausgang

Wir machen einen Spaziergang in den Wald – Park und sammeln Kastanien, Eicheln und Bucheckern, die wir dann bei einem Förster für die Wildtierfütterung im Winter abgeben.

Sinnesübung

Bei einem Spaziergang Herbstwind bewußt erleben!

Als Hilfsmittel – Sachbuch „Der Wind, das himmlische Kind" (siehe „Wetter", Seite 4).

Anmerkungen
Eigene Ideen
Notizen

Kochen

Kinder-Punsch – nach einem Spaziergang im kalten Herbstwind einen heißen „Kinder-Punsch".

Zutaten:
Z.B. Apfelsaft und Holundersaft langsam erhitzen, Zimtstange und Nelken mitziehen lassen, abschließend Honig und Zitronensaft hinzufügen.

Würziger-Zitronenigel – als Tischschmuck für unseren Eßtisch, dessen Saft sich immer noch, sofern der Igel regelmäßig erneuert wird, als Zusatz zu unserem Tee verwenden läßt.

Zutaten:
1 Zitrone
Gewürznelken
1 längshalbierte Mandel
4 Streichhölzer

Mit einer Stricknadel kleine Löcher für die Borsten und Augen in die Zitrone bohren – Nelken hineinstecken. Für die Ohren längliche Schlitze bohren – Mandelhälften einstecken. Die Streichhölzer dienen als Beine.

Zusätzlich wünschenswerter Effekt – die entstehenden ätherischen Öle wirken bakterientötend.

Bilderbücher

„Tiere im Winter"
von Vanesse Luff. Verlag Ellermann

„Tomte Tummetott"
von Astrid Lindgren / Harald Wiberg. Verlag Oetinger

„Spuren im Schnee"
von Dr. Heribert Horneck / Paul Mangold. Verlag Paul Mangold, Graz

„Frederick"
von Leo Lionni. Verlag Middelhauve

„Spatzen brauchen keinen Schirm"
von Ulises Wensell / Ursel Scheffler. Ravensburger

„Die kleine Igelfrau"
von Lene Mayer-Skumanz / Ursula Miller.
Verlag Jugend und Volk

„Bi Be Bo Ba Bu die Igelkinder"
von Dietlind Blech / Elisabeth Borchers. Verlag Ellermann

„Es klopft bei Wanja in der Nacht"
von Reinhard Michl / Tilde Michels. Verlag Ellermann

„Wir schlafen, bis der Frühling kommt"
von Susanne Rihe. Verlag: Betz

Sachbuch

„Herders Großes Bilderlexikon"
Siehe unter: „Laubbäume der Heimat" (Früchte), „Nagetiere" (Hamsterbau), „Tierfährten", „In der Tundra und am Eismeer"

Geschichten

Oktober – Eichelhäher

„Sieh mal dort, dieser bunte Vogel!"
Der Vater zeigt zum nahen Waldrand hinüber.
„Das ist ein Eichelhäher."
Jan hat ihn auch entdeckt, doch bevor er ihn genauer anschauen kann, ist der Vogel schon im Wald verschwunden.
„Er ist recht scheu", sagt der Vater, „und außerdem ist er gerade stark beschäftigt, er hat nicht viel Zeit, lange in der schönen Herbstsonne zu sitzen."
„Warum, was muß er denn tun?" fragt Jan.
„Er muß sich um seinen Wintervorrat kümmern. Die Sonne scheint zwar noch ganz warm, und man kann sich gar nicht vorstellen, daß der Winter nicht mehr weit ist. Aber die Vögel wissen es ganz genau. Und der Eichelhäher findet jetzt in den Wäldern sein Lieblingsessen, denn die Eicheln, die Früchte der Eichenbäume, sind reif.
Und da bedient er sich reichlich."
„Er hat bestimmt schon einen ganz dicken Bauch, wenn er so viele Eicheln ißt", meint Jan.
„Vielleicht. Aber ich glaube, er ißt gar nicht so viel. Er sammelt die Eicheln und versteckt sie", sagt der Vater.
„Wie sammelt er sie denn?" will Jan wissen.
„Er nimmt sie in den Schnabel und läßt sie dann in seinen Kehlsack im Hals rutschen. Wenn der Kehlsack prall gefüllt ist, fliegt der Eichelhäher weg, würgt die Eicheln wieder hervor und versteckt sie unter Moos und Blättern. Er gräbt dafür richtige Löcher in die Erde und deckt sie mit Ästchen und Blättern wieder zu. Wenn der Winter kommt und die Bäume leer sind, wenn nichts mehr zum Fressen für ihn da ist, dann fliegt der Eichelhäher zu seinen Verstecken und gräbt die Eicheln wieder aus. Und dann läßt er es sich schmecken."
„Aber findet er die Eicheln denn wieder?" wundert sich Jan.
Der Vater sagt: „Ja, die meisten findet er. Sogar unter dem Schnee holt er sie wieder hervor." „Und die anderen Eicheln, die er nicht mehr findet, die fressen dann die Hasen", stellt Jan sich vor.
„Nein, die Hasen fressen keine Eicheln, die mögen lieber Blätter und Gräser oder Baumknospen. Aber weißt du, was mit den verges-

Aus:
Maria Kost,
„Vor unserem Fenster",
Verlag Herder

Anmerkungen
Eigene Ideen
Notizen

senen Eicheln passiert? Aus ihnen wachsen neue Eichenbäume. So hilft der Eichelhäher den Menschen, Bäume zu pflanzen."
„Aber aus den Eicheln, die vom Baum fallen, wachsen doch auch Eichen", weiß Jan.
Der Vater meint: „Ja, um die Eichenbäume herum kommen genügend kleine hervor. Aber an anderen Stellen, wo es keine Eichen gibt, oft weit entfernt von anderen Eichenbäumen – wenn da plötzlich ein kleines Eichenbäumchen zu wachsen beginnt, dann weiß man, daß hier ein Eichelhäher seinen Wintervorrat versteckt und nicht mehr gefunden hat."

Maria Kost

Weitere Geschichten:

Aus: **„Vor unserem Fenster"** von Maria Kost. Verlag Herder

„November – Rabenkrähe"
„Dezember – Siebenschläfer"

Aus: **„Was Kinder bewegt"** von Christine Merz. Verlag Herder

Buch – „Herbst"

„Der verlorene Handschuh" – Vom Frieren
„Gartenarbeit" – Von Winterschlaf und Blumenzwiebeln

Aus: **„Winter im Kindergarten"** von Barbara Cratzius. Verlag Herder

„Vom Igel, der keinen Winterschlaf halten wollte"

Aus: **„Was Kinder bewegt"** von Christine Merz. Verlag Herder

Buch – „Winter"

„Glatteis" – Wenn ein Auto rutscht

zu erzählendes

Klangspiel

Vom Regentropfen, der gern eine Schneeflocke werden wollte

Aus:
Barbara Cratzius
„Winter im Kindergarten",
Verlag Herder

Xylophon, tiefe Töne.

Pitsch-patsch, richtiges Novemberwetter ist das! Die Kinder ziehen ihre Gummistiefel an und patschen mitten hinein in die tiefen Pfützen. Dicke graue Wolken hängen über der Stadt. Es regnet und regnet den ganzen Tag lang und noch einen und noch einen. – Martin steht am Fenster. „Mami, wann hört es endlich auf zu regnen?" ruft er. „Ich wünsch' mir doch zu Weihnachten Schlittschuhe und einen neuen Schlitten." „Wart nur", sagt die Mutter, „bis Weihnachten dauert es ja noch ein Weilchen!" – Oben in den Regenwolken sitzt ein kleiner Regentropfen. „Ich möchte so gern als Schneeflocke auf die Erde fallen", denkt er. „Martin und die anderen Kinder wünschen sich so sehr Schnee!" Er versteckt sich in der hintersten Ecke der Wolke und wartet und wartet.

Kinder ahmen das Geräusch der Regentropfen mit den Fingerkuppen nach. Klangstäbe – tropf, tropf, tropf.

Kinder blasen in die hohle Hand.

Aber der Herbstwind schüttelt die Wolken durcheinander und pustet die Regenschauer auf die Erde.

„Laß das Brausen endlich sein,
Herbstwind, lauf nach Haus geschwind.
Schick uns Eis und Frost doch her
und den kalten Winterwind" ...

Anmerkungen
Eigene Ideen
Notizen

ruft das Regentröpfchen. Aber der Herbstwind will nicht hören. Er wirbelt die bunten Herbstblätter hoch, rüttelt an den Fensterscheiben und reißt die Eicheln und Kastanien von den Bäumen. Die neuen grünen Triebe der Krokusse und Schneeglöckchen, die sich schon hervorgewagt haben, seufzen, wenn der Herbstwind durch den Garten fährt. Sie schauen zu den Regenwolken hoch und rufen:

Schellentrommel

Triangel

„Regenwolken, Regenwolken,
ach, bald tut der Frost uns weh.
Schickt uns eine weiße Decke,
bringt uns her den weichen Schnee."

Unter den Krokussen und Tulpen hat eine Mäusefamilie ihre Gänge gebuddelt. Die Mäusemutter hat sie mit Gräsern und Moos weich gepolstert. Sorgenvoll blickt sie vom Eingang ihrer Höhle hoch zu den dunklen Regenwolken. „Die Gänge werden bald ganz voll Wasser laufen", seufzt sie. „Ich fühle die kalte Nässe schon durch meinen Pelz hindurch. Wenn es doch bloß endlich schneien würde! Dann können wir gemütlich unsern Winterschlaf halten und haben es warm in der Höhle.

„Dunkle Wolken, schwarze Wolken,
schickt uns feinen weißen Schnee!
Webt uns eine warme Decke,
denn der Frost, der tut uns weh" ...

piepst die Mäusemuter. Der kleine Regentropfen hat alles gehört. „So, nun ist's genug", ruft er. Die Kinder, die Blumen, die Tiere, alle warten sie auf den Schnee. „Steig höher, Wolke!" bittet er. „Ich hör' schon den Winterwind über mir brausen. Er hat den Herbstwind fortgejagt!" Kälter und kälter wird es.

Kinder blasen sehr kräftig in die hohle Hand, hui-hui!

„Her mit euch, ihr Regentropfen,
zieht euch weiße Mäntel an.
Und nun schwebt zur Erde nieder,
daß es Winter werden kann" ...

heult der Schneewind. Mit vielen anderen Schneeflocken tanzt der Regentropfen zur Erde hinab. In der Nacht legt sich eine weiße Decke über den Garten, auf die Zäune und Dächer.
Als Martin morgens ans Fenster tritt, jubelt er: „Mami, nun kann ich bald Schlitten fahren! Hurra! Und wir können eine tolle Schneeballschlacht machen!

Barbara Cratzius

Reime

Liebe Mutter, es wird finster
zünd das Lämplein nun an,
mach Feuer im Ofen
und setz dich mit dran!

Liebe Mutter, es wird Winter
mach das Stübchen schön warm,
setz dich hinter den Ofen
und nimm mich in Arm!

*

Wer klug ist, hat sich eingerollt
und schläft in seinem Bau.
Wer jetzt noch draußen tobt und tollt,
der ist gewiß nicht schlau.

Der Wald ist kahl, die Welt ist kalt
und jetzt ist der gescheit,
der still in seinem Bau im Wald,
verschläft die kalte Zeit.

*

Bläst der kalte Wind schon her,
bleibt das Schwälbchen nimmermehr.
Packt zusammen und zieht fort,
sucht sich einen andern Ort.

Stärlein wandern auch mit aus,
leer steht schon ihr kleines Haus.
Und Herr Storch samt Frau und Kind,
alle fortgezogen sind.

Murmeltierchen schläft schon fest,
hat ein feines warmes Nest.
Fledermaus schlüpft unters Dach,
bleibt auch nimmer lange wach.

Und der Hamster denkt bei sich:
„Bald wird's Winter – kümmert's mich?
Vorrat hab' ich überreich
und mein Nest ist warm und weich."

Fröschlein liegt im Schlamm verborgen,
muß nicht hungern, muß nicht sorgen.
Und der Salamander auch,
schläft schon gut nach altem Brauch.

Selbst der dicke Zottelbär,
richtet sich die Schlafstatt her.
Vetter Dachs sperrt zu das Haus,
streckt sich dann behaglich aus.

Schnecklein schließt die Türe zu,
wünschet allen gute Ruh.
Wiesel denkt, „jetzt wird es Zeit",
schlüpft ins weiße Winterkleid.

Nebel, Nebel,
schwing dich auf den Gebel,
schwing dich auf zur Himmelstür,
laß die liebe Sonn herfür.

*

Der Ziegenbock hat Hörner,
im Wald wachsen Dörner.
Dörner wachsen im Wald,
im Winter ist es kalt.
Kalt ist es im Winter,
da frieren alle Kinder.
Die kleinen Kinder frieren
und wer's nicht glaubt,
der kann's probieren.

Oktober

Die Schwalben sind davongezogen,
sind ohne mich hinweggeflogen.
Dürft' ich mit diesen lebendigen Pfeilen
über die Häupter der Bergriesen eilen,
über das blaue Mittelmeer fliegen
in das Land der Palmen und Pyramiden:
Ich wollte erzählen im nächsten April –
acht Tage säßest du mäuschenstill!

Josef Guggenmos

Die Schnecke im Winter

Naht der Winter,
geh ich ins Haus,
mache die Türe zu:
Winter bleib drauß!

Zu ist die Türe.
Komme, wer will:
Ich bin zu sprechen
erst im April.

Josef Guggenmos

Anmerkungen
Eigene Ideen
Notizen

Aus:
J. Guggenmos,
„Das kunterbunte Kinderbuch",
Verlag Herder

Aus:
J. Guggenmos
„Was denkt die Maus am Donnerstag?"
Georg Bitter Verlag,
Recklinghausen

Zu: „Bläst der ..."
Die aufgeführten Tiere sollten durch Bildbetrachtung – eventuell Dias (Kreisbildstelle nachfragen) vorgestellt werden.

Die drei Spatzen

In einem leeren Haselstrauch,
da sitzen drei Spatzen, Bauch an Bauch.
Der Erich rechts und links der Franz
und mittendring der freche Hans.
Sie haben die Augen zu, ganz zu,
und obendrein, da schneit es, hu!
Sie rücken zusammen, dicht, ganz dicht.
So warm wie der Hans hats niemand nicht.
Sie hörn alle drei ihrer Herzlein Gepoch.
Und wenn sie nicht weg sind, so sitzen sie noch!

Christian Morgenstern

Reim zum Vorlesen

Hochbetrieb am Futterhaus

Wir haben unser täglich Brot,
doch Vöglein leiden bitt're Not
in der harten Winterszeit,
und kommen oft von weit, von weit,
zu finden ein klein Bröselein
und sei's auch noch so winzig klein.
Es könnte ihre Not wohl lindern
und allzu frühen Tod verhindern.
Darum, ihr Kinder, groß und klein,
bastelt schnell ein Häuschen fein,
damit im frostigen Winterwind,
jed's Vögelein ein Körnchen find't!
Doch dabei müssen wir auch wissen,
es schätzt ein jedes seinen Bissen!
Die *Körnerfresser* essen gern
alles was Samen ist und Kern,
Glanz, Rübsen, Hanf – das mögen sie
und danken euch: „kiwitt, trilli".
Für Sonnenblumensaat erweisen
euch ihren Dank, die kleinen Meisen.
Rotkehlchen, Amsel, Drossel, Star,
von jeher auf *Weichkost* gerichtet war!
Sie können nicht, wie die munteren Meisen
die kleinen, doch harten Körner beißen.
Sie mögen Hafer, gewendet in Fett,
auch trock'ne Insekten (Rosinen wär'n nett!).
Getrocknete Beeren, sind nicht zu verachten,
nach diesen besonders die Dompfäfflein schmachten.
Die so verachteten Spätzlein hinieden,
sind wirklich mit jedem Futter zufrieden.
Und ehrlich – sie nutzlos zu nennen ist schlecht,
auch Spätzchen haben ein Daseinsrecht.
Auch sie sammeln fleißig die bösen Insekten,
die im Sommer uns manchmal mit Stichen erschreckten.
Im kalten Winter zieh'n sie nicht fort,
an einen anderen, wärmeren Ort,
sondern verbleiben getreu beim Haus,
und schauen bescheiden nach Futter aus.
Beobachtet's mal, 's ist gar nicht neu –,
keck sind zwar die Kleinen, aber auch scheu!
Meist fliegen sie gar nicht ins Futterhaus,
auf der Erde schau'n sie nach Eßbarem aus.
Sind sie dann satt, sagen sie: „Tschilp"
– und das heißt: „Danke sehr" (nun seid ihr im Bild).
Einen großen Fehler, den dürft ihr nicht machen:
füttert *niemals* gekochte oder gebackene Sachen!
Salz, Zucker, Gewürz in der Speise, vertragen sie nicht,
das löscht gleich ihr kleines Lebenslicht.
Habt ihr aber reichlich ein Tischlein gedeckt,
mit dem, was bekömmlich ist und was auch schmeckt,
und pünktlich zu einer bestimmten Zeit,
habt ihr manch Vöglein vom Hunger befreit.
Denn sie stell'n sich aufs pünktliche Füttern ein,
können bei Frost keine Stunde ohn' Nahrung sein –
und finden sie nichts zur Zeit, ist's ihr Verderben,
dann müssen die Armen frühzeitig sterben.
Vergeßt also bitte nicht, groß und klein,
das Futter im Häuschen, *gemischt* muß es sein,
denn so meine ich, nun zum Schluß:
Arg ist's, wenn einer ißt, doch der andre zuschauen muß!
Den *grünen Zweig* am Futterhaus nicht vergessen –
Denn *Grün,* heißt bei Vögeln: „Hier gibt's was zum essen!"
Und kommt das liebe Frühjahr dann,
da stimmen sie ein Lied dir an,
um in den linden Frühlingstagen,
mit ihrem Gesang dir Dank zu sagen.

Helga R. Roßmeisl

Vögel sollte man nur bei geschlossener Schneedecke oder Dauerfrost füttern.

Aus:
„Mein großes Weihnachtsbuch",
Verlag Schwager & Steinlein GmbH, Fürth

Abzählreim

Itzli – pitzli – Rabenfuß
rate mal, wer suchen muß?
Itzli – pitzli – buh,
nämlich du!

Trostvers

Wo tut's weh?
Hol ein bißchen Schnee,
hol ein bißchen kühlen Wind,
dann vergeht es ganz geschwind!

Rätsel

Es bläst und pfeift
und stiehlt den Leuten
die Hüte vom Kopf
und hat doch weder
Arme noch Beine.
(Wind)

Es fällt vom Himmel,
ist weiß wie ein Schimmel,
wie ein Bett so weich,
wird's warm, schmilzt es gleich.
(Schnee)

Was ist das für ein Bettelmann?
Er hat ein kohlschwarz Röcklein an
und läuft in dieser Winterszeit
vor alle Türen weit und breit.
Ruft mit betrübtem Ton: Rab! Rab!
Gebt mir doch auch einen Happen ab.
(Rabe)

Hoch am Baum, da hängt es,
Herbstwind, der bedrängt es.
Plums, fällt es vom Baum ins Gras –
sag mir: was ist denn das?
Rund und grün und stachelig,
hebst du's auf, dann sticht es dich.
Ziehst du's grüne Fell ihm aus,
kommt die braune Frucht heraus.
(Kastanie)

Sie hüpfen im Sommer von Ast zu Ästchen,
fangen Fliegen, Mücken und bauen Nestchen.
Im Winter erwachen sie frierend am Morgen,
und finden kein Futter – wer wird für sie sorgen?
(Spatzen)

Ich bin am wärmsten,
wenn es draußen am kältesten ist;
und bin am kältesten,
wenn es draußen am wärmsten ist.
(Ofen)

Stacheln hab' ich wie ein Igel.
Ei, sieht das nicht lustig aus?
Purzle ich vom Baum herunter,
springt ein braunes Männlein raus.
(Kastanie)

Hoch wie ein Haus,
klein wie eine Maus,
stachlig wie ein Igel,
glänzend wie ein Spiegel.
(Kastanie)

Ich kenne ein Haus,
da fliegts ein und aus.
Es ist nur sehr klein.
s' kommen Körner herein.
(Vogelhaus)

Ein Gasthaus für den Winter,
kennt ihr das schon ihr Kinder?
Die Gäste ziehen ein und aus
und halten einen guten Schmaus.
Nicht Messer gibt's noch Gabel,
sie nehmen ihren Schnabel!
Und sind sie satt von Korn und Speck,
dann zahlen sie nicht,
sie fliegen weg.
(Vogelhaus)

Sag, was springt von Ast zu Ast,
ist auf jedem Baum zu Gast?
Mit dem Wuschelschwanz, dem braunen,
konnt' ich es im Wald bestaunen.
Auch im Park hab' ich's gesehen,
wie ein Kätzchen anzusehen.
Tannenzapfen knabbert's gerne,
Nüsse knackt's und Eichelkerne.
(Eichhörnchen)

Fünf Finger und doch keine Hand,
ein Schuh und keine Sohle,
bald weiß wie die Wand,
bald schwarz wie Kohle!
(Handschuh)

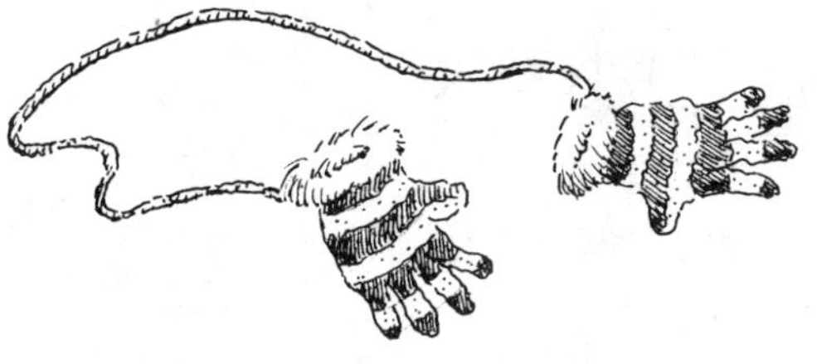

Was ist das für ein Diebgesell?
Er geht auf Nachbars Acker aus,
stopft voll sich beide Taschen schnell
und trägt's ganz wohlgemut nach Haus.
Da packt er's aus, als wär's das Seine,
legt eins zum andern in die Scheune.
Die Scheune liegt in Ackers Grund,
die Taschen, die hat er im Mund.
(Hamster)

Ich hab' ein stachliges Gehäuse.
Ich fange Schlangen, ich fange Mäuse,
ich bin ein lebendiges Nadelkissen
und trotze selbst des Hundes Bissen.
Und rührt unsanft ein Kind mich an,
so ball ich mich zur Kugel dann,
und werd' mit meinen scharfen Spitzen
die allzu dreisten Finger ritzen.
(Igel)

Fingerspiele

Geflogen kommt der Spatz.
Geschlichen kommt die Katz.
Will's Vöglein gleich verschlingen
und hebt schon an zu springen –
da ist im hohen Bogen
der Spatz davon geflogen.
Er setzt sich auf das Haus
und lacht die Katze aus.

*

Jetzt wird es draußen kalt
und weißer Schnee fällt bald.
Die Vögel fliegen hin und her
und finden oft kein Futter mehr.
Kommt, bauen wir ein Haus
und streuen Futter aus
für unsre liebe Vogelschar,
so wie im vergangenen Jahr.

Fünf Finger sitzen dicht an dicht.
Faust – Daumen ist umschlungen.
Sie wärmen sich und frieren nicht.
Der erste sagt: „Auf Wiedersehen!"
Die Finger werden nacheinander, mit dem Zeigefinger beginnend ausgestreckt.
Der zweite sagt: „Ich will jetzt gehen!"
Der dritte hält's auch nicht mehr aus.
Der vierte geht zur Tür hinaus.
Der fünfte ruft: „He ihr, ich frier!"
Da wärmen ihn die andern vier.
Der übriggebliebene Daumen wird erneut umschlossen.

*

Ein Bär tappt langsam durch den Wald
und weithin sein Gebrumm erschallt.
Fünf Männlein kamen hier gegangen,
die wollten diesen Bären fangen.

Der erste spricht: „Ich fang' ihn schnell,
wie schön ist doch sein Zottelfell."

Der zweite spricht: „Oh Bruder nein,
den Bär fang' ich, der Bär ist mein."

Der dritte ist so groß und lang, er spricht:
„Mir ist kein bißchen bang. Ihr werdet sehn,
ich fang' den Bär, als ob das so ein Kunststück wär."

Der vierte geht voran und spricht: „Nein Brüder,
so geht's wirklich nicht. Mein ist des Bären
Zottelfell – ich will ihn fangen auf der Stell."

Und hier, der allerkleinste Mann, fängt lustig
gleich zu lachen an: „Ich hab' ein Töpfchen Honig
fein – gebt acht, ich bring den Bären heim.

Da dreht der Bär mit viel Gebrumm
sich plötzlich zu den den Männern um.
Die schreien laut im großen Schreck,
der kleine wirft das Töpfchen weg.

Sie laufen schnell zum Wald hinaus,
verstecken sich in ihrem Haus,
Der Bär, der leckt das Töpfchen aus
und brummt und geht vergnügt nach Haus.

Gedicht mit Körperinstrumenten

Klitsch, klitsch, klatsch	Händeklatschen
das ist Novembermatsch	auf Schenkel patschen
Der Peter, der am Wege sitzt, der heult,	Füße scharren, einmal in die Hand klatschen
denn er ist vollgespritzt –	Füße scharren
Klitsch, klitsch, klatsch,	Händeklatschen
das ist Novembermatsch	auf Schenkel patschen

Gedicht kann beliebig mit den Namen der Kinder aus der Gruppe fortgeführt werden.

Lieder

Im Winter ist es kalt

Text u. Melodie: Erika Probst

2. Im Winter, ...
   Da trag ich dicke Stiefel schwer,
   hab' keine kalten Füße mehr.
3. Im Winter, ...
   Mein Schal ist dick und kunterbunt,
   er hält den Hals warm und gesund.
4. Im Winter, ...
   Da zieh ich warme Handschuh an,
   dann kann die Kälte nicht heran.

Anmerkungen:
Bei jeder Strophe können die Kinder das Anziehen des betreffenden Kleidungsstückes pantomimisch mitvollziehen; später können auch einzelne Kinder je eine Strophe allein singen und vorspielen.

In Mueders Stübele

volkstümlich – aus Südbaden

2. Muß schier verfriere vor lauter ... Wind.
3. I ha kei Hemmedle un du kei ... Strümpf.
4. Mir wen goh bettle goh, es si üs ... zwei.
5. Du nimmsch der Bettelsack un i der ... Korb.
6. Du stohsch vors Lädeli un i vor ... d' Tür.
7. Du kriegsch e Weckeli un i e ... Bir.
8. Du stecksch der Speck in Sack un i der ... Ank.
9. Du saisch: „Vergelt is Gott! un i sag ... Dank.

Anmerkungen
Eigene Ideen
Notizen

Aus:
„Praxis der Vorschulerziehung", Band 1, So geht es durch das Jahr, S. 36, Seelze 1988,

Wenn Lieder im Dialekt gesungen werden, sollte dieser einigermaßen von der Erzieherin beherrscht werden.

Anmerkungen
Eigene Ideen
Notizen

Ach bittrer Winter

Text: Mündlich überliefert (16. Jahrhundert)
Melodie: Volksweise (17. Jahrhundert)

2. Die bunten Blümlein sind worden fahl;
entflogen ist uns Frau Nachtigall.
Sie ist entflogen, wird sie wieder singen?

Hamsterlied

Text und Melodie: Wolfgang Longardt

Aus: Wolfgang Longardt, „Leben im Jahreskreis“ Herbst und Winter, Verlag Herder

2. Er träumte, daß es ihm mal gelänge,
zu bau'n die allertiefsten Hamstergänge.
Sein Vorrat sollt' so riesig werden,
wie nie besaß ein Tier auf Erden.

3. Ich will für mich jetzt das meisten haben,
die dicksten und die allerreichsten Gaben.
Er schleppte soviel Korn heran,
wie nie zuvor ein Tier getan.

4. Soviel bis alles ganz überfüllt,
der Vorrat auch schon aus dem Eingang quillt.
Doch an den warmen Platz zur Nacht
hat dieser Hamster nicht gedacht.

5. Vor seinem Eingang da saß er dann
und fragte ratlos nun: „Was fang' ich an?
Im Bau ist nun kein Platz für mich
und schon wird's kalt ganz fürchterlich.“

6. Die andern Tiere doch ringsumher,
die sah man alle nun schon längst nicht mehr.
Sie ruhten warm im Vorratsloch
mit reichlich Platz zum Schlafen noch.

7. Und unser Hamster fragte sich,
weil er schon fror ganz fürchterlich:
„Schaff' ich jetzt etwas Korn heraus,
dann hätt' ich Platz in meinem Haus.“

8. „Doch andre Tiere werd'n sich bequemen
von meinem Vorrat draußen was zu nehmen.
Das gönn' ich keinem andern Tier,
da frier' ich lieber draußen hier.“

Anmerkungen
Eigene Ideen
Notizen

Draußen am Wald

aus Schwaben

2. Mi friert's an d'Händ, weil i koi Händschich hao,
mi friert's an d'Händ ond an d'Füß au. Sommerzeug ..

3. D'Sonne isch do! Guck, wie mei Kindle lacht,
d'Sonne isch do, jetzt send mr froh! Sommerzeug ...

Rab rab rab

Text: L. Schuster / Melodie: Hans Lang

2. Rab rab rab, gebt eine milde Gab!
Krah krah krah, denn sonst erfrier ich ja!
Weil ich ein armer Vogel bin,
so streut mir ein paar Brocken hin,
erbarmt euch meiner Pein, ich will euch dankbar sein.

Aus:
„Die Zugabe",
Bd. 1, Nr. 26,
Fidula-Verlag,
Boppard/Rhein

Anmerkungen
Eigene Ideen
Notizen

Die Erde im Winter

Text und Melodie: Christine Haarpaintner

Aus: RPP 4/78, S. 52, Religionspäd. Arbeitshilfen GmbH, Landshut

2. Winterschlaf unter der Erde,
Engerling, Maulwurf und Schneck;
Käfer, Mäuse, sie rasten
von der Erde bedeckt.

3. Winterschlaf unter der Erde,
Zwiebeln mit Wurzeln ganz fein;
Samen, Körner, sie warten,
bis sie weckt Sonnenschein.

4. Winterschlaf unter der Erde,
still sammelt alles die Kraft,
um im Frühling zu werden
neu – voll Leben und Pracht.

Kreisspiele

Als ich einmal reiste

2. Viele Herrn und Damen
standen einst vor meiner Tür,
wollten gerne schauen
das kleine Murmeltier.

3. Murmeltier muß tanzen,
eins und zwei und drei und vier,
o, du allerliebstes,
kleines Murmeltier.

Spielvorschlag:
Das Murmeltier läuft im Kreis herum. Bei „Murmeltier muß tanzen", klatschen die im Kreis stehenden Kinder, und das Murmeltier tanzt im Kreis herum. Danach wird ein anderes Kind als Murmeltier ausgewählt.

Anmerkungen
Eigene Ideen
Notizen

Manuelles Gestalten

Collage:
Aus Zeitschriften, Katalogen usw. schneiden wir Winterkleidung aus und kleben sie zu einer Collage zusammen.

Collage:
Wo die Tiere den Winter verbringen. Im Haus – unter der Erde – in Feld und Wald.

„Frederick":
Wir malen „Frederick" mit Buntstiften oder Wachsfarben – oder gestalten ihn aus Steinen oder Nüssen.

Basteln:
Wir basteln Vögel aus Holzspan oder Ramiband.

– oder aus Faltpapier und Folie (Karton).

Modellieren:
Wir modellieren Tiere aus Knetmasse.
Wir modellieren einen Igel aus Ton mit Sonnenblumenkernen als Stacheln.

Futterzweige:
Aus Rindertalg, Streufutter und Zweigen machen wir Futterzweige.

Werken:
Wir bauen ein Vogelhaus.

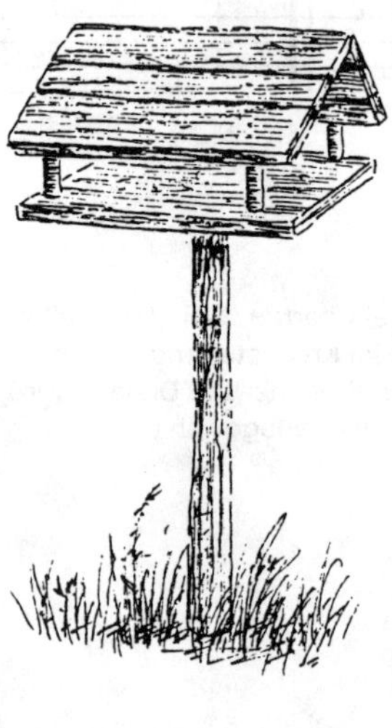

Spielturnen

Eingebaut in die wöchentliche Turnstunde:

Wir spielen Herbstspaziergang:
Zuerst müssen wir uns warm anziehen – lange Hose, Stiefel, Mantel, Mütze, Schal, Handschuhe ...
Draußen bläst ein wilder Herbststurm – wir müssen gegen den Wind ankämpfen, damit er uns nicht umwirft ...
Es ist kalt – wir frieren, unser ganzer Körper zittert ...
Der Sturm bläst dunkle Wolken heran – mit unserem ganzen Körper stellen wir den Wind dar, der die Wolken vor sich herbläst ...
Plötzlich peitscht der Regen nieder – wir müssen uns schnell einen Unterschlupf suchen –
Zu Hause angekommen, müssen wir unsere nassen Kleider ausziehen ...

Turnen – Rhythmik mit Naturmaterialien:

- mit Kastanien (barfuß), z. B. mit dem Fuß darüberrollen – versuchen, sie mit den Zehen zu greifen – durch den Raum schieben – im Sitzen mit den Füßen hochheben – in Reifen oder auf ein Tuch legen ...
- mit gepreßten Blättern, z. B. Blätter liegen verteilt im Raum – Blätter hängen an den Bäumen (in Händen halten) – Blätter fallen von den Bäumen ...

Kreisspiel: „Als ich einmal reiste", siehe Seite 31

Religiöse Erziehung

Tierliebe
Für die Tiere im Winter vorsorgen – siehe Ausgang – sammeln für Wildtierfütterung.

Ein Vogelhaus im Garten aufstellen, um die Vögel bei Frost und Schnee mit Futter versorgen zu können.

Gebet

Wer hat die Sonne denn gemacht,
den Mond und all die Sterne?
Wer hat den Baum hervorgebracht,
die Blumen nah und ferne?
Wer schuf die Tiere groß und klein?
Wer gab auch mir das Leben?
Das tat der liebe Gott allein.
Drum will ich Dank ihm geben.

Anmerkungen
Eigene Ideen
Notizen

Winter – Schnee und Eis

Gespräche

- Winter – Zeit der Ruhe – Zeit des Zurückgezogenseins.
- Winter – die Zeit mit den kürzesten Tagen im Jahreslauf –
- Winter – die Zeit mit den kältesten Tagen im Jahreslauf –
  alles rückt etwas näher zusammen – man sucht die Wärme und Geborgenheit im Haus.
  Rauhreif bedeckt die Häuser und Gärten und läßt alles unwirklich und märchenhaft erscheinen.
  Regen wird zu Schnee und bedeckt die Landschaft wie mit einem weißen Tuch.
  Wasser wird zu Eis – Bäche, Flüsse und Seen frieren zu.
  Es weht ein kalter Wind.
  Die Natur ist „leer" – Bäume und Büsche haben kein Laub – es gibt keine Blumen – viele Vögel sind in wärmere Länder gezogen – viele Tiere halten Winterschlaf ...
- Es ist kalt – wir müssen uns richtig anziehen – warme Kleidung (Schneeanzug oder Anorak und warme Hosen, warme Schuhe, Handschuhe, Mütze, Schal ...)
  Wenn man beim Spielen verschwitzt ist, darf man nicht einfach seinen Anorak, Mütze, Schal und Handschuhe ausziehen. Alle Kleidungsstücke sollen anbehalten werden, damit der Körper langsam abkühlen kann.
- Richtige Ernährung ist wichtig – ausreichend Obst und Gemüse – die darin enthaltenen Vitamine helfen Abwehrstoffe gegen Erkältungskrankheiten aufzubauen.
- Winter macht Spaß – Schlittenfahren – Skifahren – Rutschen – Eislaufen – Schneeballschlacht – Schneemann ...
- Winter ist schön – wenn wir uns richtig ernähren und richtig kleiden.
- Winter kann aber auch Gefahren mit sich bringen – Schnee- und Eisglätte, was entsprechendes Verhalten fordert.

Information und Anregung für den Erzieher.

Auf Salzstreuen sollte unserer Umwelt zuliebe verzichtet werden – es geht auch mit Sand und Splitt.

Ausgang

Voraussetzung für einen Ausgang im Schnee ist warme Kleidung – Schneeanzug – warme Schuhe – Handschuhe – Mütze – Schal ...

Spiele im Schnee:
- Wir bauen einen Schneemann.
- Wir springen über Schneekugeln.
- Wir werfen Schneebälle auf ein bestimmtes Ziel.
- Wir laufen durch den frischen Schnee und hinterlassen unsere Spuren – wir gehen vorgegebenen Spuren nach im Kreis, Schneckenhaus ...
- Wir suchen Spuren im Schnee – Maus, Vogel, Katze, Hund ...
- Wir legen uns in den Schnee – Adler ...

Das Wechseln der nassen und auch durchschwitzten Kleidung ist eine Selbstverständlichkeit. – Deshalb solche Spiele unmittelbar vor dem Heimgehen einplanen.

Die staubfreie, kalte und belebende Luft im Schnee ist besonders gut. Ein solcher Ausgang sollte zuvor bei den Eltern angekündigt werden (richtige Kleidung).

Anmerkungen
Eigene Ideen
Notizen

Experimente

Schmelzen – Gefrieren

- Wir füllen ein kleines Gefäß mit Schnee und stellen es in den warmen Gruppenraum – der Schnee schmilzt. Das Schmelzwasser stellen wir hinaus in die Kälte – es gefriert – es wird zu Eis.

Schmelzen – Verdunsten

- Wir erhitzen Eiswürfel – Wasser – Dampf.

Eis schwimmt

- Wir füllen Eiswürfel in ein Glas Wasser.
  Da Eis leichter als Wasser ist schwimmen die Eiswürfel im Wasser.

Weiteres in:
J. Hann,
„Das große Buch der Experimente",
Verlag Herder

Rezept

Schneemanns Wintersalat
1 kg gemischten Rohkostsalat
z. B. Karotten, rote Beete, Weißkraut, Sauerkraut, Feldsalat, Chicoree, Endivie ...
– je nach Geschmack zusammenstellen (eventuell auch mit Äpfeln, Bananen, Orangen ...)

Zutaten gut waschen, wenn nötig schälen
kleinschneiden oder stiften
Sauerkraut etwas auseinanderzupfen

Sauce:
ca. 6 Eßl. Sonnenblumenöl, 2 Eßl. Zitronensaft,
1 Teel. (Kräuter) Salz, 1 Joghurt,
evtl. etwas Sahne und Honig zum Mildern.

Gut mischen und kurz ziehen lassen.

Schneebälle mit Vollkornwaffeln und Vanillesoße
Schneebälle:
3 Eiweiß steif schlagen,
etwas Vanillezucker unterrühren,
mit einem Teelöffel portionierte Schneebälle
in kochende Milch geben und kurz ziehen lassen.

Waffelteig:
für ca. 20–24 Waffeln, 100 g Butter, 200 g Honig,
4 Eigelb (und die übrigen 3 von den Schneebällen) schaumig rühren,
600 g Weizenvollkorn – frisch gemahlen,
4 Teel. Zimt, 2 Messersp. Nelken,
2 abgeriebene Zitronen (ungespritzt),
2 Teel. Backpulver, 1 l Milch unterrühren,
4 Eischnee unterziehen.

Bilderbücher

„Simon und die Tiere"
von Gino Alberti / Sieglinde Wolfsgruber. Verlag bohem press

„Guck mal, Madita, es schneit"
von Astrid Lindgren / Ilon Wikland. Verlag Oetinger

„Ach lieber Schneemann"
von Janosch. Parabel Verlag

„Es ging ein Schneemann durch das Land"
von Winfried Opgenoorth / Mira Lobe. Ravensburger

„Schellen – Ursli"
von Selina Chönz / Alois Carigiet. Verlag Orell Füssli

Geschichten

Winter ohne Schnee – o je!

Zwei Lausbuben lassen es schneien

„Dieser Winter ist eine einzige Katastrophe!" sagt Papa nun schon zum drittenmal in dieser Woche. Und es ist echt wahr! Es hat noch nicht einmal geschneit – nicht mal ein bißchen. Das heißt, ein bißchen schon: So große nasse Flocken eine halbe Stunde lang, und dann hat es wie immer geregnet, und es gab Glatteis, und alle Leute schimpften.

Auch Peter und Florian haben schlechte Laune. Unterm Christbaum lag ein neuer Rodelschlitten, und Peter kann schon richtig Skifahren. Im letzten Winter, da hat er es gepackt. Allein ist er geliftet und runter den Berg. Florian will es dieses Jahr lernen. Aber wo, wenn die Wiesen grünbraun daliegen und nichts, aber auch gar nichts von einem bißchen Schnee in Sicht ist?

„Das ist der blödeste Winter, den ich je gesehen habe!" sagt Peter, und er holt zum siebtenmal seinen Rodelschlitten und setzt sich im Kinderzimmer drauf. Das wäre toll, wenn er mit dem jetzt den Berg runtersausen könnte.

Aber – Peter seufzt laut. Er ist mit Florian alleine zu Hause. Mama wollte noch zum Supermarkt. Peter und Florian hatten keine Lust.

„Lieber spielen", sagte Florian, und

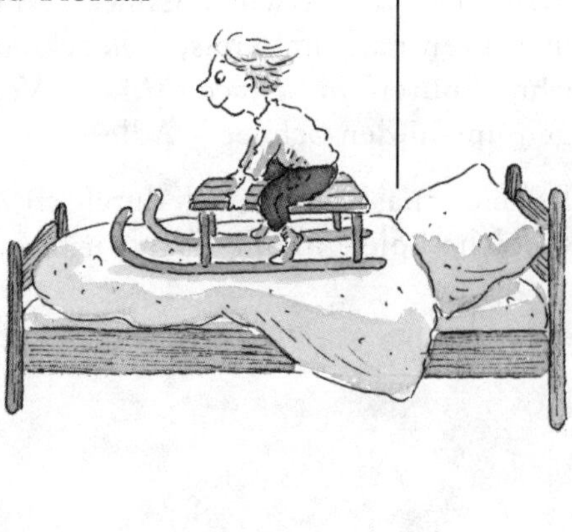

Aus:
Chr. Merz,
„Was Kinder bewegt" – Winter
Verlag Herder

Mama war einverstanden. Sie hat die zwei schon öfter für eine Stunde allein daheim gelassen, und es ging immer gut.
Florian kommt zu Peter ins Zimmer und sieht ihn auf dem Rodelschlitten sitzen. „Laß mich auch mal!" Er schiebt Peter weg und setzt sich selbst auf den Schlitten. „Stell dir vor, es fängt an zu schneien", sagt er und sieht in Richtung Fenster. Peter geht ganz dicht an die Scheibe. Der Himmel ist grau und verhangen, und vielleicht sind die dikken Wolken ja voller Schnee. „Das wäre was", sagte Peter leise, „wenn die Flocken so einfach vom Himmel runter schneien, immer mehr und immer mehr ..." Träumerisch stockt Peter mitten im Satz. Vor seinen Augen sieht er, wie es wäre, wenn es schneien würde. „Ja und?" fragt ihn Florian. Er ist erst drei Jahre und weiß nicht mehr so genau, wie das letztes Jahr war. „Und dann, was ist dann?" Peter dreht sich zu seinem Bruder um. „Es ist ganz leise", sagt er, „und du denkst, das hört nie mehr auf!" Wieder sieht er an den Himmel, auf die graue und drekkige Straße, und er erklärt Florian: „Weißt du, auch die Straße ist dann ganz weiß, alles, und wenn du nach oben guckst, dann kommen die Schneeflocken und fallen und fallen und fallen so leise und langsam ..." Peter weiß nicht, wie er es seinem Bruder erklären soll.
„Weißt du, Schnee ist so leicht wie ..." Er muß überlegen. „... wie Istropor, oder wie das heißt!" Peter stockt. Ihm kommt ein genialer Gedanke. „Warte, ich zeig's dir!" Er rennt zur Türe und – weg ist er.
Es dauert nicht lange, dann ist er wieder da. Er war unten in Papas Werkstatt. Da hat Papa ein paar Styroporplatten zum Basteln und zur Wärmedämmung – weiß und leicht, fast wie Schnee, nur am Stück!
„Paß auf", sagt Peter, und er fängt an, die Styroporplatte in viele kleine Fetzen zu brechen. „Los, helf mal mit!" fordert er Florian auf, und der hilft, die große Platte zu verkrümeln. Das ist gar nicht einfach, denn die leichten kleinen Teilchen bleiben überall hängen, am Pullover, an den Händen, am Teppich.
Peter holt einen Eimer aus der Küche. Sie sitzen lange und krümeln. Aber dann ist der Eimer fast voll.
„Jetzt gehst du mal raus, unter den Balkon, dann zeig ich's dir!" sagte Peter zu Florian, und der weiß eigentlich gar nicht, was er denn jetzt gezeigt kriegen soll. Aber er geht. Und weil er weiß, daß die Mama sonst schimpfen wird, zieht er ganz schnell den alten Anorak und die Gummistiefel an. Dann steht er unter dem Kinderzimmerbalkon und wartet. Oben steht Peter und dann – ja dann leert er vorsichtig und ganz langsam den Eimer voll mit Styroporkrümel über Florian. Und es sieht wirklich ein bißchen aus, als ob es schneien würde. Florian juchzt und versucht die Krümel zu erwischen. Der Grasboden unter ihm ist schon bedeckt mit weißem Kunstschnee, da kommt die Mama zur Gartentüre rein.
Ein Blick, ein entsetztes Gesicht – „Ja was ist denn das?" fragt sie leise. Florian sagt: „Ich habe aber die Gummistiefel an!" Mama sagt gar nichts. Sie verdreht die Augen und wirft einen Blick auf Peter, dessen Eimer jetzt so gut wie leer ist.
Die Kinder sind begeistert. „Komm, wir sammeln alles ein und lassen es nochmal schneien", sagt Peter. Aber Mama schüttelt den Kopf. Sie nimmt wortlos Florian am Anorak und zieht ihn in den Hauseingang. Dort holt sie den Staubsauger. Dann saugt sie ihn ab. Erst jetzt ruft sie nach Peter. „Da", meint sie, „die Schnur reicht bis zum Balkon. Saugt mir alles schön sauber wieder auf, bevor ein Wind aufkommt ..." Hier unterbricht Peter sie. „Das wär toll!" „Von wegen!" Mama schüttelt den Kopf, „das wäre eine schöne Schweinerei. Stell dir vor, was die Nachbarn zu eurem Schnee in ihrem Garten sagen würden! Also, nichts wie weg, und zwar schnell!"
Die beiden trotten davon. Mama muß ein bißchen lachen über ihre beiden Buben. „Verstehen kann ich sie ja", meint sie dann, „es ist eine echte Katastrophe mit diesem Winter, aber Styroporschnee – das ist auch keine Lösung!", und sie sammelt die letzten anhänglichen Styroporkrümel auf ihrer Jacke ein.

Christine Merz

Weitere Geschichten

Aus: **„Was Kinder bewegt"** von Christine Merz, Verlag Herder

Buch – „Winter"

„Schlittenfahrt" – Ein schöner Wintertag

„Eislaufen" – Aller Anfang ist schwer

Aus: **„Was Kinder bewegt"** von Christine Merz. Verlag Herder

Buch – „Herbst"

„Der erst Schnee!" – Vom Staunen

Eine unvollendete Geschichte von zwei Schneemännern

Die Kinder haben zwei schöne Schneemänner gebaut. Gestern den einen, sie nannten ihn „Hugo“, und heute mit dem schon etwas knapp gewordenen Schnee noch einen zweiten kleinen Schneemann daneben. Ihn nannten sie „Gnomi, der Kleine“. Beide waren mit Hut und Nase geschmückt, wie man eben Schneemänner baut. Aber am nächsten Tag gab es Tauwetter. Die Sonne lachte warm vom Himmel, die Schneemänner machten traurige Gesichter. „Wir müssen sie vor den warmen Sonnenstrahlen schützen“, riefen die Kinder und holten zwei alte Regenschirme. Sie spannten sie auf und drückten sie Hugo und Gnomi in die Arme. Tatsächlich lagen die beiden Schneemannköpfe nun im Schatten. Aber hinten am Rücken und an den Seiten schmolzen sie von Viertelstunde zu Viertelstunde. Besonders Gnomi, den die Kinder nicht so sehr dick gebaut hatten, neigte plötzlich seinen Kopf nach vorn und verlor fast den Schirm. Das sah recht seltsam aus. Und wer ganz genau hinhörte, dem war es, als ob Hugo, der größere Schneemann, leise zu sprechen begann: „Oho, du verneigst dich vor mir, da fühl’ ich mich ja wie ein König.“ Und Gnomi schien zu antworten: „Ich bitte untertänigst, mach mir mit deinem breiten Körper doch mehr Schatten.“ Tatsächlich wanderte die Sonne nun langsam so herum, daß am frühen Nachmittag Gnomi ganz im Schatten von Hugo stand. Und da, wo Hugos Schatten nicht hinreichte, da schützte ihn noch sein kleiner Schirm. In der Nacht kam wieder Frost, und als am anderen Morgen die Kinder herauskamen, um beide Schneemänner anzusehen, da war Gnomi wieder ganz fest gefroren, aber mit tief gesenktem Kopf und etwas nach vorn gebeugt. Das sah wirklich so aus, als ob er sich vor Hugo wie vor einem König verneigen wollte. Die Kinder hatten Spaß daran und umtanzten beide: „Hugo, der König, und sein kleiner Gnom! Hugo, der König, und sein kleiner Gnomi.“ Sie nahmen Hugo den Eimer ab, den er bis jetzt als Hut trug und bastelten ihm eine Krone. Drei Tage blieb es noch kalt, und die beiden gaben ein lustiges Bild ab. Aber was sie sich vielleicht beide erzählt haben, konnte keiner mehr hören …

Dann kam über Nacht der Frühling, und morgens fanden die Kinder auf einem kleinen Schneehaufen eine Krone, eine Mohrrübe und daneben Hugos Schirm. Den Schirm von Gnomi hatte der Wind über den Gartenzaun geweht, nur der kleine Eimer, der ihm als Hut gedient hatte, lag noch da, und seine Mohrrübennase suchten die Kinder vergebens, die hatte wohl ein … (offener Schluß)

Wolfgang Longardt

Märchen

Frau Holle

Eine Witwe hatte zwei Töchter, davon war die eine schön und fleißig, die andere häßlich und faul. Sie hatte aber die häßliche und faule, weil sie ihre rechte Tochter war, viel lieber, und die andere mußte alle Arbeit tun. Das arme Mädchen mußte sich täglich auf die große Straße bei einem Brunnen setzen und mußte so viel spinnen, daß ihm das Blut aus den Fingern sprang. Nun trug es sich zu, daß die Spule einmal ganz blutig war; da bückte es sich damit in den Brunnen und wollte sie abwaschen, sie sprang ihm aber aus der Hand und fiel hinab. Es weinte, lief zur Stiefmutter und erzählte ihr das Unglück. Sie schalt es aber so heftig und war so unbarmherzig, daß sie sprach: „Hast du die Spule hinunterfallen lassen, so hol sie auch wieder herauf.“ Da ging das Mädchen zu dem Brunnen zurück und wußte nicht, was es anfangen sollte, und in seiner Herzensangst sprang es in den Brunnen hinein, um die Spule zu holen. Es verlor die Besinnung, und als es erwachte und wieder zu sich selber kam, war es auf einer schönen Wiese, wo die Sonne schien und viel tausend Blumen standen. Auf dieser Wiese ging es fort und kam zu einem Backofen, der war voller Brot; das Brot aber rief: „Ach, zieh mich ’raus, zieh mich ’raus, sonst verbrenn’ ich, ich bin schon längst ausgebacken.“ Da trat es herzu und holte mit dem Brotschieber alles nacheinander heraus. Danach ging es weiter und kam zu einem Baum, der hing voller Äpfel und rief ihm zu: „Ach, schüttel mich, schüttel mich, wir Äpfel sind alle miteinander reif.“ Da schüttelte es den Baum, daß die Äpfel fielen, als regneten sie, und schüttelte, bis keiner mehr oben war; und als es alle in einen

Anmerkungen
Eigene Ideen
Notizen

Sich nicht auf einen Schluß festlegen. Die Kinder unterschiedliche Geschichtsenden ausdenken lassen.

Aus:
Wolfgang Longardt, „Leben im Jahreskreis“ – Herbst – Winter, Verlag Herder

Haufen zusammengelegt hatte, ging es wieder weiter. Endlich kam es zu einem kleinen Haus, daraus guckte eine alte Frau, weil sie aber so große Zähne hatte, ward ihm angst, und es wollte fortlaufen. Die alte Frau aber rief ihm nach: „Was fürchtest du dich, liebes Kind? Bleib bei mir, wenn du alle Arbeit tun willst, so soll dir's gut gehn. Du mußt nur acht geben, daß du mein Bett gut machst und es fleißig aufschüttelst, daß die Federn fliegen. Dann schneit es in der Welt; ich bin die Frau Holle." Weil die Alte so gut zusprach, willigte es ein und gab sich in ihren Dienst. Es besorgte auch alles nach ihrer Zufriedenheit und schüttelte ihr das Bett immer gewaltig auf, daß die Federn wie Schneeflocken umherflogen; dafür hatte es auch ein gutes Leben bei ihr, kein böses Wort und alle Tage Gesottenes und Gebratenes. Nun war es eine Zeitlang bei der Frau Holle, da ward es traurig und wußte anfangs selbst nicht, was ihm fehlte, endlich merkte es, daß es Heimweh war; obwohl es ihm hier vieltausendmal besser ging als zu Haus. Endlich sagte es zu ihr: „Ich habe den Jammer nach Haus gekriegt, und wenn es mir auch noch so gut hier unten geht, so kann ich doch nicht länger bleiben, ich muß wieder hinauf zu den Meinigen." Die Frau Holle sagte: „Es gefällt mir, daß du wieder nach Haus verlangst, und weil du mir so treu gedient hast, so will ich dich selbst wieder hinaufbringen." Sie nahm es darauf bei der Hand und führte es vor ein großes Tor. Das Tor ward aufgetan, und wie das Mädchen gerade darunter stand, fiel ein gewaltiger Goldregen, und alles Gold blieb an ihm hängen, so daß es über und über davon bedeckt war. „Das sollst du haben, weil du so fleißig gewesen bist", sprach die Frau Holle und gab ihm auch die Spule wieder, die ihm in den Brunnen gefallen war. Darauf ward das Tor verschlossen, und das Mädchen befand sich oben auf der Welt, nicht weit von seiner Mutter Haus. Und als es in den Hof kam, saß der Hahn auf dem Brunnen und rief:

„Kikeriki,
unsere goldene Jungfrau ist wieder hie."

Da ging es hinein zu seiner Mutter, und weil es so mit Gold bedeckt ankam, ward es von ihr und der Schwester gut aufgenommen.
Das Mädchen erzählte alles, was ihm begegnet war, und als die Mutter hörte, wie es zu dem großen Reichtum gekommen war, wollte sie der andern häßlichen und faulen Tochter gerne dasselbe Glück verschaffen. Sie mußte sich an den Brunnen setzen und spinnen, und damit ihre Spule blutig ward, stach sie sich in die Finger und stieß die Hand in die Dornhecke. Dann warf sie die Spule in den Brunnen und sprang selber hinein. Sie kam wie die andere auf die schöne Wiese und ging auf demselben Pfade weiter. Als sie zu dem Backofen gelangte, schrie das Brot wieder: „Ach, zieh mich 'raus, zieh mich 'raus, sonst verbrenn' ich, ich bin schon längst ausgebacken." Die Faule aber antwortete: „Da hätt' ich Lust, mich schmutzig zu machen", und ging fort. Bald kam sie zu dem Apfelbaum, der rief: „Ach, schüttel mich, schüttel mich, wir Äpfel sind alle miteinander reif." Sie antwortete aber: „Du kommst mir recht, es könnte mir einer auf den Kopf fallen", und ging weiter. Als sie vor der Frau Holle Haus kam, fürchtete sie sich nicht, weil sie von ihren großen Zähnen schon gehört hatte, und verdingte sich gleich zu ihr. Am ersten Tag tat sie sich Gewalt an, war fleißig und folgte der Frau Holle, wenn sie ihr etwas sagte, denn sie dachte an das viele Gold, das sie ihr schenken würde; am zweiten Tag aber fing sie schon an zu faulenzen, am dritten noch mehr, da wollte sie morgens gar nicht aufstehen. Sie machte auch der Frau Holle das Bett nicht, wie sich's gebührte, und schüttelte es nicht, daß die Federn aufflogen. Das ward die Frau Holle bald müde und sagte ihr den Dienst auf. Die Faule war das wohl zufrieden und meinte, nun würde der Goldregen kommen; die Frau Holle führte sie auch zu dem Tor, als sie

aber darunter stand, ward statt des Goldes ein großer Kessel voll Pech ausgeschüttet. „Das ist zur Belohnung deiner Dienste", sagte die Frau Holle und schloß das Tor zu. Da kam die Faule heim, aber sie war ganz mit Pech bedeckt, und der Hahn auf dem Brunnen, als er sie sah, rief:

„Kikeriki,
unsere schmutzige Jungfrau ist wieder hie."

Das Pech aber blieb fest an ihr hängen und wollte, solange sie lebte, nicht abgehen.

Brüder Grimm

Reime

Liebe Sonne, komm gekrochen,
denn mich friert's an allen Knochen.
Liebe Sonne, komm gerennt,
denn mich friert's an meine Händ'.

*

Wenn in der Kälte groß und klein
mit roter Nas' spazieren,
dann ruft der Ofen: „Kommt herein,
ihr sollt nicht lange frieren!"

*

Kalt und heulend weht der Wind,
während wir im Zimmer bleiben,
lachen, spielen, fröhlich sind,
Eisschnee sprasselt an die Scheiben.

Selbst dem Schneemann vor dem Haus
scheint es viel zu kalt zu sein,
er sieht ganz verfroren aus –
wartet wohl auf Sonnenschein.

Auf dem Vogel-Futterplatz
ist ein großes Stelldichein,
Meise, Drossel, Dompfaff, Spatz,
jeder will der erste sein.

Wintervergnügen

Fünf Grad Kälte! Hans geht baden,
Kälte macht ihm gar nichts aus.
Zehn Grad Kälte! Hans geht baden,
deshalb bleibt er nicht zu Haus.
Zwölf Grad Kälte! Hans geht baden,
auch bei Frost von fünfzehn Grad.
Ihm kann Kälte nicht viel schaden,
denn er geht ins Hallenbad.

Hermann Heckmann

Schneeflocken

Es schneit, hurra, es schneit!
Schneeflocken weit und breit!
Ein lustiges Gewimmel
kommt aus dem grauen Himmel.

Was ist das für ein Leben!
Sie tanzen und sie schweben.
Sie jagen sich und fliegen
der Wind bläst vor Vergnügen.

Und nach der langen Reise,
da setzen sie sich leise
aufs Dach und auf die Straße
und frech dir auf die Nase.

*

Es schneit, es schneit
die Erde wird weiß,
der Winter kommt
mit Schnee und Eis;
mit Schlittenfahrt
und Schneeballschlacht
und auch ein Scheemann
wird gemacht.

Der Schneemann auf der Straße

Der Schneemann auf der Straße
trägt einen weißen Rock,
hat eine rote Nase
und einen dicken Stock.

Er rührt sich nicht vom Flecke,
auch wenn es stürmt und schneit.
Stumm steht er an der Ecke
zur kalten Winterszeit.

Doch tropft es von den Dächern
im ersten Sonnenschein,
da fängt er an zu laufen,
und niemand holt ihn ein.

Robert Reinick

Anmerkungen
Eigene Ideen
Notizen

Vom Büblein auf dem Eis

Gefroren hat es heuer
noch gar kein festes Eis.
Das Büblein steht am Weiher
und spricht so zu sich leis:
„Ich will es einmal wagen;
das Eis, es muß schon tragen."
Wer weiß?

Das Büblein stampft und hacket
mit seinem Stiefelein.
Das Eis auf einmal knacket,
und kracht! Schon bricht's hinein.
Das Büblein platscht und krabbelt
als wie ein Krebs und zappelt
mit Schrei'n.

„O helft, ich muß versinken
in lauter Eis und Schnee!
O helft, ich muß ertrinken
im tiefen, tiefen See!"
War' nicht ein Mann gekommen,
der sich ein Herz genommen,
o weh!

Der packt es bei dem Schopfe
und zieht es dann heraus,
vom Fuße bis zum Kopfe
wie eine Wassermaus.
Das Büblein hat getropfet,
der Vater hat's geklopfet
zu Haus.

Friedrich Güll

Als Gesprächsansatz, um auf die Gefahren zugefrorener Gewässer aufmerksam zu machen.

Abzählreim

1, 2, 3, 4,
Schnee vor der Tür,
Schlitten hinterm Haus,
und du bist draus.

Renate Lüber

Rätsel

Weiß wie Kreide,
leicht wie Flaum,
weich wie Seide,
feucht wie Schaum.
(Schnee)

In der Luft da fliegt es,
auf der Erde liegt es,
auf dem Baume sitzt es,
in der Hand da schwitzt es,
auf dem Ofen zerläuft es,
im Wasser ersäuft es.
(Schnee)

Hinter unserm Hause
hängt eine Pirlepause,
wenn die liebe Sonne scheint,
unsre Pirlepause weint.
(Eiszapfen)

Draußen steht ein weißer Mann,
der sich niemals wärmen kann.
Wenn die warme Sonne scheint,
schwitzt der weiße Mann und weint.
(Schneemann)

Ich diene zum Fahren,
doch hab' ich keine Räder,
besonders im Winter,
liebt mich ein jeder.
Den Kindern
mach' ich große Freude,
wenn's draußen friert
und heftig schneit.
(Schlitten)

Ich kenn' ein kleines Glöckchen,
mit einem weißen Röckchen,
es läutet leis im Sonnenschein
wie heißt das Glöckchen ...
(Schneeglöckchen)

Schnellsprechvers

Sieben Schneeschaufler schaufeln sieben Schaufeln Schnee.

Anmerkungen
Eigene Ideen
Notizen

In der Luft fliegt's,
auf der Erde liegt's,
in der Hand zerläuft's,
wer begreift's?
(Schnee)

Ich bin sehr kalt
und erwärme doch,
was sonst sterben muß.
(Schnee)

Stand ein Riese,
aus Schnee gemacht,
grimmig auf den Beinen,
aber als die Sonne lacht,
fing er an zu weinen.
(Schneemann)

Welches Glöckchen hört man nicht?
(Schneeglöckchen)

Es hängt an der Dachrinne
und weint,
wenn die Sonne scheint.
(Eiszapfen)

Fingerspiele

Tief in der Erde vom Schnee bedeckt
hat Schneeglöckchen sich gut versteckt.
Still liegt es drin, hat die Augen zu
und schlummert schon lange in guter Ruh.

Da scheint die Sonne, es regnet sacht,
da hat das Schneeglöckchen bei sich gedacht:
Dort auf der Erde im Sonnenschein,
da möchte ich wieder ein Blümchen sein.

Schneeglöckchen reckt sich und guckt aus dem Beet,
ei, wie fest es auf seinem Beinchen steht.
Seht ihr das Blümlein, das zarte, da?
Guck, guck, Schneeglöckchen, da bist du ja!

*

In einem warmen Haus fünf Finger sitzen.
Der erste sagt: „Wir schwitzen."
Der zweite sagt: „Hier ist es heiß."
Der dritte wischt sich schon den Schweiß.
Der vierte ruft nach einem Eis.
Der fünfte stellt die Heizung aus,
so wird es kalt im ganzen Haus.
Nun zittern alle Finger sehr –
ach wenn's doch wieder wärmer wär'!

Anmerkungen
Eigene Ideen
Notizen

Lieder

Schneeflöckchen

volkstümlich

2. Komm setz dich ans Fenster, du lieblicher Stern,
malst Blumen und Blätter, wir haben dich gern.
3. Schneeflöckchen, du deckst uns die Blümelein zu,
dann schlafen sie sicher in himmlischer Ruh.
4. Schneeflöckchen, Weißröckchen, komm zu uns ins Tal,
dann bau'n wir den Schneemann und werfen den Ball.
5. Schneeflöckchen, Weißröckchen, du Wintervögelein,
willkommen, willkommen, bei groß und bei klein.

Der Schnee, der fällt auf unsre Welt

Text und Melodie: Wolfgang Longardt

Aus:
Wolfgang Longardt,
„Leben
im Jahreskreis"
– Herbst und Winter
Verlag Herder

2. Baum und Weg
sind schon verschneit,
zugedeckt mit weißem Kleid,
zart und weich, überall zugleich ...

(folgt Refrain)

Anmerkungen
Eigene Ideen
Notizen

Der Winter ist da

volkstümlich

2. E, e, e, er bringt uns Eis und Schnee,
malt uns gar zum Zeitvertreiben
Blumen an die Fensterscheiben.
E, e, e, er bringt uns Eis und Schnee.

3. U, u, u, jetzt weiß ich, was ich tu!
Hol den Schlitten aus dem Keller
und dann geht es schnell und schneller!
U, u, u jetzt weiß ich, was ich tu.

Es schneiet, es beiet

Aus der Schweiz

2. Es schneiet, es beiet,
es weht ein kühler Wind.
Das Mädchen zieht die Handschuh an,
das Bübchen läuft geschwind.

3. Es schneiet, es beiet,
es weht ein kühler Wind.
Hast du ein bißchen Brot im Sack,
gib's einem armen Kind!

Anmerkungen
Eigene Ideen
Notizen

Schnee

Worte: Friedrich Güll / Weise: Richard Rudolf Klein

2. Wald und Wiesen, Hof und Hecken,
alles steckt in weißen Decken.
Und im Garten jeder Baum,
jedes Bäumchen voller Flaum.

3. Jetzt hinaus! Wenn's noch so stürmt,
wird ein Schneemann aufgetürmt.
Dick und rund und rund und dick
steht er da im Augenblick.

Aus:
„Willkommen lieber Tag", Bd. 1,
Verlag
Moritz Diesterweg,
Frankfurt/M.

Schnee und Eis

Text: nach einem Kinderreim / Melodie: Grete Hahn

Aus:
Grete Hahn
„Lied und Spiel",
Hermann Schroedel-
Verlag, Hannover

Anmerkungen
Eigene Ideen
Notizen

ABC, die Katze lief im Schnee

Volksweise

Der Schnee kam über Nacht

Text: Renate Lüber / Melodie: Volksgut

2. Wir ziehen warme Kleider an
und gehn hinaus aufs Feld.
Dort bauen wir den weißen Mann,
der uns so gut gefällt, o ja,
der uns so gut gefällt.

3. Dann rodeln wir den Berg hinab,
hinunter bis zur Straß'.
Ja, rodeln tun wir alle gern,
das macht uns allen Spaß, o ja,
das macht uns allen Spaß.

Anmerkungen
Eigene Ideen
Notizen

Kreisspiele

Das Schneemann-Spiel

Text: Volksgut / Melodie: Heinz Lemmermann

Aus „Die Zugabe“, Bd. 3, Fidula-Verlag, Boppard/Rhein

2. Da kommt die liebe Sonne und scheint so warm.
Dem Schneemann fällt vor Schrecken der Stock vom Arm.
Und auf einmal – ach, wie dumm! –
da fällt der ganze Schneemann um.
Wir tanzen vor Vergnügen im Kreis herum.

Kreisfassung:
Der Schneemann in der Mitte, Arm als Stock erhoben. 4 Takte links umkreisen, 4 Takte rechts umkreisen. Dann lange Nase machen, Zunge zeigen u. a.; danach im Kreis herumtanzen. Beim 2. Vers mit dem Arm große Sonne in die Luft malen, Schneemann läßt Stock fallen und sinkt langsam in die Knie. Dazu Händeklatschen und Kreistanz.

Morgen will ich Schlitten fahren

Morgen will ich Schlitten fahren,
morgen um halb neune
spann' ich meinen Schimmel ein,
fahr' ich ganz alleine.
Ganz alleine fahr' ich nicht,
da nehm' ich meine ... mit.

Morgen wollen wir Schlitten fahren,
morgen um halb neune
spannen wir unseren Schimmel ein,
fahren wir ganz alleine.
Ganz alleine fahren wir nicht,
da nehmen wir unsre ... mit.

Spielvorschlag:
Ein Kind läuft den Reim sagend im Kreis herum.

Es nennt einen Namen und nimmt das Kind mit.

Zwei Kinder laufen den Reim aufsagend im Kreis herum.

Sie nehmen ein Kind mit ...

Anmerkungen
Eigene Ideen
Notizen

Singspiel

Frau Holle

2. Frau Holle, Frau Holle, die guckt zu ihrem Haus hinaus.
Wie sieht die Welt so prächtig aus!
Da kommt ein armes Mägdelein,
das ruft sie zu sich herein.
|: Frau hi-ha Holle du, ach wie gut bist du! :|

3. Frau Holle, Frau Holle, die schüttelt mit dem Mägdelein
viel blitzeweiße Flöckchen fein.
Da freuen sich die Kinder sehr.
Die beiden schütteln immer mehr.
|: Frau hi-ha Holle du, schüttle fleißig zu! :|

4. *Goldmarie:*
„Frau Holle, Frau Holle ich möchte gern nach Hause gehen
und meine Eltern wiedersehen.
Von ganzem Herzen dank' ich dir,
du warst so gut, so gut zu mir.
|: Frau hi-ha Holle du, lieb' ich immerzu! :|

5. *Alle:*
Als nun die Frau Holle dem Mägdelein die Hände gab,
fiel lauter, lauter Gold herab.
Und als es kam zu Hause an,
rief vor dem Haus der Gockelhahn:
|: Seht die Goldmarie, kickerikiki! :|

Lieder

Rätsel

Fingerspiele

Singspiel

Kreisspiele

Manuelles Gestalten

Spielturnen

Religiöse Erziehung

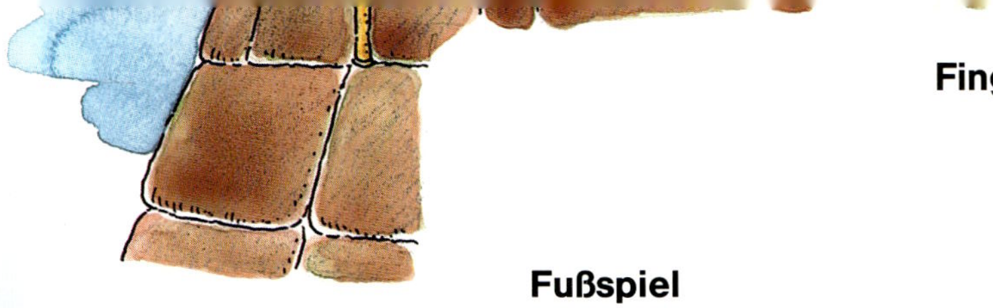

Fingerspiele

Fußspiel

Lieder

Singspiel

Kreisspiel

Manuelles Gestalten

Sinnesübungen

Spielturnen

Religiöse Erziehung

Abzählreime

Trostvers

Rätsel

Fingerspiele

Lieder

Kreisspiele

Manuelles Gestalten

Spielturnen

Religiöse Erziehung

Wintervorbereitungen von Mensch und Tier

Gespräche

Ausgang / Sinnesübung

Kochen

Bilderbücher / Sachbuch

Geschichten

Klangspiel

Reime

Was ist das für ein Wetter heut

Gespräche

Wetterbeobachtungen

Wettermessungen

Experimente

Geschichte

Reime

Trostreim

Bilderbücher / Sachbuch

Abzählreime

Schnellsprechverse

Rätsel

Winter – Schnee und Eis

Gespräche

Experimente

Ausgang

Rezept

Märchen

Reime

Geschichten

Abzählreim

Bilderbücher

Anmerkungen
Eigene Ideen
Notizen

Manuelles Gestalten

Malen:

Wir malen mit Fingerfarben einen großen Schneemann auf unser Gruppenfenster.

Legen und Kleben:

Aus Wollfäden legen und kleben wir einen Schneemann auf dunklem Papier.

Basteln:

Wir basteln einen Schneemannmobile aus Kreisen.

Basteln:

Wir basteln eine Schneewolke – Wolke mit herabfallenden Flocken aus Glitzerfolie oder Glanzpapier und Watte.

Schneiden:

Aus weißen Durchschlag- oder Seidenpapier schneiden wir Schneekristalle.

Schneekristalle zuvor unter der Lupe betrachten.

Malen:

Mit Wachs- oder Wasserfarben malen wir einen „Winterbaum".

Reißen und Kleben:

Aus weißem Glanzpapier reißen wir einen Schneemann und kleben ihn auf ein dunkleres Blatt.

Modellieren:

Aus Knet formen wir Schneemänner.

Spielturnen

Wir spielen „Winterspaziergang" ziehen uns warm an (Stiefel, Mütze, Handschuhe ...) – gehen hinaus – laufen durch den Schnee – laufen den Spuren anderer nach – bauen einen Schneemann – machen eine Schneeballschlacht – rutschen auf einer Eisspur – frieren – laufen schnell heim – ziehen uns wieder aus ...

Kreisspiel: „Im Garten steht ein Schneemann", siehe Seite 45

Anmerkungen
Eigene Ideen
Notizen

Religiöse Erziehung

Abendgebet

an einem schönen Tag (z.B. nach einem schönen Tag im Schnee):

So ein schöner Tag war heute,
lieber Gott, und so viel Freude
hast du heute mir gemacht.
Dankbar sag' ich: Gute Nacht.

Aus:
„Wir feiern Jesus",
Verlag Herder

Gebetsanstöße:

Winter – die kurzen, zum Teil düsteren Tage erwecken die Sehnsucht nach dem Licht:
Licht = Wärme – Wärme = Liebe – Liebe = Geborgenheit – Geborgenheit = Familie

Wir können im Dunkeln nicht leben

Text: H. Neubauer
Melodie: H. Neubauer, Sr. C. Sillmann

Aus: RPP 4/80, S. 20
Religionspäd.
Arbeitshilfen GmbH,
Landshut

2. Wir schenken das Licht nun dem andern
   und freuen uns darüber sehr.
   Bei jedem Licht wird es heller,
   bei jedem Licht strahlt es dann mehr.

3. So wie einst der Heilige Martin
   durch Güte ein Licht hat entfacht;
   so wollen wir Güte künden
   und tragen das Licht durch die Nacht.

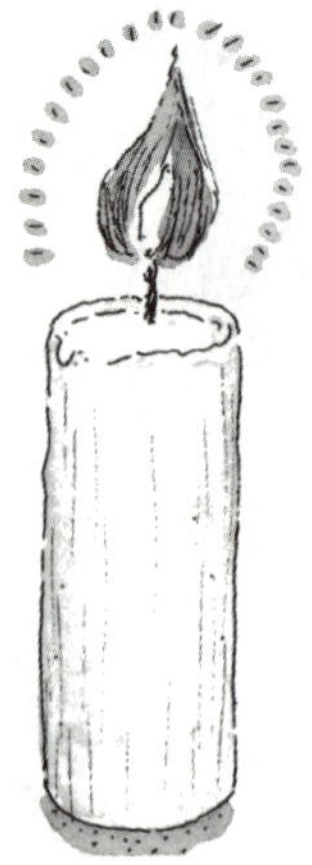